Auxiliando a humanidade a encontrar a Verdade

O EVANGELHO DO DIA

© 2010 — Conhecimento Editorial Ltda

O Evangelho do Dia
Volume 1
Allan Kardec

Todos os direitos desta edição
reservados à
CONHECIMENTO EDITORIAL LTDA.
Rua Prof. Paulo Chaves, 276 - Vila Teixeira Marques
CEP 13480-970 — Limeira — SP
Fone/Fax: 19 3451-5440
www.edconhecimento.com.br
vendas@edconhecimento.com.br

Nos termos da lei que resguarda os direitos autorais, é proibida a reprodução total ou parcial, de qualquer forma ou por qualquer meio — eletrônico ou mecânico, inclusive por processos xerográficos, de fotocópia e de gravação — sem permissão, por escrito, do editor.

Tradução: Julieta Leite
Edição de texto: Margareth Rose Fonseca Carvalho
Organização e formatação: Dalmo Duque dos Santos
Ilustração da Capa: Banco de imagens
Projeto Gráfico: Sérgio Carvalho

ISBN 85-7618-202-3 — 1ª Edição - 2010

• Impresso no Brasil • Presita en Brazilo

Produzido no departamento editorial da
CONHECIMENTO EDITORIAL LTDA

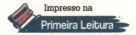
Impressa na Primeira Leitura

a gráfica digital da **EDITORA DO CONHECIMENTO**

Dados Internacionais de Catalogação na Publicação (CIP)
(Câmara Brasileira do Livro, SP, Brasil)

Kardec, Allan, 1804 - 1869.
   O Evangelho do Dia, volume 1 / Allan Kardec ; organização e formatação Dalmo Duque dos Santos ; [tradução Julieta Leite]. - - 1. ed. - - Limeira, SP : Editora do Conhecimento, 2010.

ISBN 978-85-7618-202-3

1. Espiritismo 2. Evangelho I. Santos, Dalmo Duque dos. II. Título

10-06505   CDD – 133.9
   Índices para catálogo sistemático:
      1. : Espiritismo : 133.9
      2. Evangelhos : Exegese espírita 133.9

Allan Kardec

O EVANGELHO DO DIA

Volume 1

Organização e formatação:
Dalmo Duque dos Santos

1ª edição
2010

Sumário

Apresentação _____ 7

Capítulo 1 (domingo)
NÃO VIM REVOGAR A LEI _____ 11

Capítulo 2 (segunda-feira)
MEU REINO NÃO É DESTE MUNDO _____ 14

Capítulo 3 (terça-feira)
HÁ MUITAS MORADAS NA CASA DE MEU PAI __ 17

Capítulo 4 (quarta-feira)
NINGUÉM PODE VER O REINO DE DEUS
SE NÃO NASCER DE NOVO _____ 19

Capítulo 5 (quinta-feira)
BEM-AVENTURADOS OS AFLITOS _____ 22

Capítulo 6 (sexta-feira)
O CRISTO CONSOLADOR _____ 24

Capítulo 7 (sábado)
BEM-AVENTURADOS OS POBRES DE ESPÍRITO __ 26

Capítulo 8 (domingo)
BEM-AVENTURADOS OS PUROS DE CORAÇÃO __ 29

Capítulo 9 (segunda-feira)
BEM-AVENTURADOS OS MANSOS E PACÍFICOS __ 32

Capítulo 10 (terça-feira)
BEM-AVENTURADOS OS MISERICORDIOSOS ____ 35

Capítulo 11 (quarta-feira)
AMAR AO PRÓXIMO COMO A SI MESMO (I) — 38
Capítulo 11 (quinta-feira)
AMAR AO PRÓXIMO COMO A SI MESMO (II) — 40
Capítulo 12 (sexta-feira)
AMAI OS VOSSOS INIMIGOS — 43
Capítulo 13 (sábado)
QUE VOSSA MÃO ESQUERDA NÃO SAIBA
O QUE FAZ VOSSA MÃO DIREITA — 46
Capítulo 14 (domingo)
HONRAI VOSSO PAI E VOSSA MÃE — 49
Capítulo 15 (segunda-feira)
FORA DA CARIDADE NÃO HÁ SALVAÇÃO — 52
Capítulo 16 (terça-feira)
NÃO SE PODE SERVIR A DEUS E A MAMON — 56
Capítulo 17 (quarta-feira)
SEDE PERFEITOS — 60
Capítulo 18 (quinta-feira)
MUITOS SERÃO OS CHAMADOS E POUCOS OS ESCOLHIDOS — 63
Capítulo 19 (sexta-feira)
A FÉ TRANSPORTA MONTANHAS — 67
Capítulo 20 (sábado)
OS TRABALHADORES DA ÚLTIMA HORA — 70
Capítulo 21 (domingo)
HAVERÁ FALSOS CRISTOS E FALSOS PROFETAS — 74
Capítulo 22 (segunda-feira)
NÃO SEPAREIS O QUE DEUS UNIU — 77
Capítulo 23 (terça-feira)
ESTRANHA MORAL — 79
Capítulo 24 (quarta-feira)
NÃO COLOQUEIS A CANDEIA DEBAIXO DO ALQUEIRE — 83
Capítulo 25 (quinta-feira)
BUSCAI E ACHAREIS — 86
Capítulo 26 (sexta-feira)
DAI DE GRAÇA O QUE DE GRAÇA RECEBESTES — 89
Capítulo 27 (sábado)
PEDI E OBTEREIS — 92

Apresentação

Caro leitor,

Este guia foi idealizado para facilitar a leitura, a reflexão e a reforma moral com base nos temas de *O Evangelho Segundo o Espiritismo*, ilustrados por questões de *O Livro dos Espíritos* e, eventualmente, de *O Livro dos Médiuns*.

Os conceitos do item **Vida Plena**, que é o Evangelho na prática, foram extraídos de diversas obras e experiências que procuram diferenciar o **pensar**, o **sentir** e o **agir** na transformação do comportamento humano. Essa dinâmica reflexiva é muito rica, tanto na aplicação individual como em grupo. Quando praticada, é necessário obedecer as etapas progressivas de autoconhecimento:

O que **penso** a respeito deste assunto?
Que **sentimento** tenho sobre o tema proposto?
Estou **disposto a mudar** minha forma de pensar, sentir e agir?
Por onde posso **começar** essa mudança?

Fé inabalável é somente aquela que pode encarar a razão de frente, em todas as eras da humanidade.

***

Os espíritos do Senhor, que são as virtudes dos Céus, tal qual um imenso exército que se põe em movimento ao receber um comando superior, posicionam-se por toda a superfície da Terra e, como estrelas cadentes, vêm iluminar o caminho e abrir os olhos dos cegos.

Em verdade vos digo, são chegados os tempos em que todas as coisas devem ser restabelecidas em seu verdadeiro sentido, a fim de dissipar as trevas da ignorância, confundir os orgulhosos e glorificar os justos.

As grandes vozes do Céu ecoam como o som da trombeta, e os coros dos anjos a elas se juntam. Homens, nós vos convidamos a participar deste divino concerto! Que vossas mãos tomem a lira; que vossas vozes se unam e, num hino sagrado, se façam ouvir e vibrar de um extremo ao outro do Universo!

Homens, irmãos a quem amamos, estamos junto de vós! Amai-vos também uns aos outros, e, fazendo a vontade do Pai que está no Céu, clamai do fundo do vosso coração: "Senhor! Senhor!". Então, podereis entrar no reino dos Céus.

O Espírito de Verdade

Domingo

Capítulo I
NÃO VIM REVOGAR A LEI

1. Não penseis que eu tenha vindo revogar a Lei ou os profetas. Não vim revogá-los, mas dar-lhes cumprimento, pois em verdade vos digo que o Céu e a Terra não passarão sem que tudo o que está na Lei seja perfeitamente cumprido, até um único jota e um único ponto. (MATEUS, 5:17 e 18).

Moisés

2. A lei mosaica é composta por duas partes distintas: *a Lei de Deus*, recebida no monte Sinai, e a *lei civil* ou disciplinar, estabelecida pelo próprio Moisés. A primeira é invariável; a outra, adaptada aos costumes e ao caráter do povo, se modifica com o tempo.

A Lei de Deus está formulada nos dez mandamentos seguintes:

1º. Eu sou o Senhor, teu Deus, que te tirei do Egito, da vida de servidão. Diante de mim, não terás outros deuses estranhos. Não farás imagens esculpidas nem figura alguma de tudo o que está no alto, no Céu, e embaixo, na Terra, nem de tudo o que está nas águas, sob a terra. Não os adorarás nem lhes renderás o soberano culto.
2º. Não tomarás em vão o nome do Senhor, teu Deus.
3º. Lembra-te de santificar o dia de sábado.
4º. Honra teu pai e tua mãe, a fim de viveres longo tempo sobre a terra que o Senhor, teu Deus, te dará.

5º. Não matarás.
6º. Não cometerás adultério.
7º. Não roubarás.
8º. Não levantarás falso testemunho contra teu próximo.
9º. Não desejarás a mulher do teu próximo.
10º. Não cobiçarás a casa do teu próximo, nem seu servo, nem sua serva, nem seu boi, nem seu asno, ou qualquer das coisas que lhe pertençam.

Essa é a lei de todos os tempos e de todas as pátrias; e por isso tem um caráter divino. Todas as outras são leis promulgadas por Moisés, que fora obrigado a conter, pelo medo, um povo naturalmente turbulento e indisciplinado, cujas crendices arraigadas e preconceitos adquiridos durante a escravidão no Egito ele precisava combater. Para dar autoridade às suas leis, Moisés precisou atribuir-lhes uma origem divina, tal como o fizeram todos os legisladores dos povos primitivos. A autoridade do homem tinha de apoiar-se na autoridade de Deus. Mas só a idéia de um deus terrível podia impressionar homens ignorantes, em quem o senso moral e o sentimento de uma justiça perfeita ainda eram pouco desenvolvidos. É evidente que aquele que havia colocado entre Seus mandamentos *Não matarás*; *não farás mal ao teu próximo* não podia contradizer-Se fazendo do extermínio um dever. As leis mosaicas propriamente ditas tinham, pois, um caráter essencialmente transitório.

O LIVRO DOS ESPÍRITOS

614. Que se deve entender por lei natural?
– *A lei natural é a Lei de Deus. É a única verdadeira para a felicidade do homem. Indica-lhe o que deve ou não fazer, e ele só é infeliz porque se afasta dela.*

615. A Lei de Deus é eterna?
– *É eterna e imutável como o próprio Deus.*

VIDA PLENA

"O meu mal humor não modifica minha vida".

PRECE

Rogamos ao Senhor Todo-Poderoso que nos envie bons espíritos para nos assistir, nos afastar daqueles que poderiam nos induzir ao erro, e nos conceder luz necessária para distinguirmos a verdade da mentira.

Afastai também os espíritos malévolos, encarnados e desencarnados, que poderiam tentar lançar a desunião entre nós e nos desviar da caridade e do amor ao próximo. Se alguns procurarem se introduzir aqui, fazei com que não encontrem acesso no coração de nenhum de nós.

Segunda-feira

Capítulo 2
MEU REINO NÃO É DESTE MUNDO

1. Pilatos tornou a entrar no palácio. E mandando trazer Jesus à sua presença, perguntou-Lhe: "És o rei dos judeus?". Ao que Jesus respondeu: "Meu reino não é deste mundo. Se meu reino fosse deste mundo, meu servos pelejariam para impedir que eu caísse nas mãos dos judeus. Mas o meu reino não é aqui".
Disse-Lhe então Pilatos: "Logo, és rei?". Jesus replicou: "Tu o dizes. Eu sou rei. Não nasci nem vim a este mundo senão para dar testemunho da verdade. Todo aquele que pertença à verdade ouve a minha voz". (João, 18:33, 36 e 37).

A vida futura

2. Com essas palavras, Jesus mostra claramente que *a vida futura,* à qual faz referência em muitas circunstâncias, é a meta a que se destina a humanidade, devendo ser também o objeto das principais preocupações do homem na Terra. Todas as Suas máximas têm relação com esse extraordinário princípio. Sem a vida futura, na verdade, a maior parte dos Seus preceitos morais não teria razão de ser. É por isso que aqueles que não crêem na vida futura, imaginando que Jesus só Se referia à vida presente, não compreendem os Seus ensinamentos ou os consideram ingênuos.

Portanto, esse princípio pode ser considerado a base dos preceitos do Cristo. Eis por que foi colocado no início desta obra, pois deve ser a meta de todos os homens. Só ele pode corrigir as anomalias da vida terrena e ajustá-la de acordo com justiça de Deus.

3. Com respeito à vida futura, os judeus apenas possuíam idéias muito vagas: acreditavam nos anjos, que consideravam seres privilegiados da Criação, mas não imaginavam que um dia os homens pudessem se tornar anjos e partilhar de sua felicidade. Para eles, o cumprimento das leis de Deus era recompensado com bens terrenos, com a supremacia do seu povo e com a vitória sobre os inimigos. As calamidades públicas e as derrotas eram a punição pela desobediência. Por esse motivo é que Moisés não pôde falar mais sobre este tema para um povo formado por pastores rudes que se preocupavam, acima de tudo, com as coisas mundanas. Mais tarde é que Jesus veio lhes revelar a existência de um outro mundo, em que a justiça de Deus segue seu curso. É esse o mundo que Ele promete aos que seguem os mandamentos de Deus e onde os bons encontrarão sua recompensa. Esse mundo é o Seu reino. É lá que Ele habita em toda a Sua glória, e para onde retornou ao deixar a Terra.

Contudo, ao ajustar Seus ensinamentos à situação dos homens de Sua época, Jesus achou conveniente não lhes proporcionar um esclarecimento mais profundo que, ao invés de ensinar, acabaria por confundi-los. Então, limitou-Se a expor a vida futura como uma regra, uma lei da natureza, da qual ninguém pode escapar. Por isso, todo cristão acredita forçosamente na vida futura, embora muitos façam dela uma idéia vaga, incompleta, ou mesmo errada quanto a vários pontos. Para outros, trata-se apenas de uma crença, sem certeza absoluta. Daí as dúvidas e até a incredulidade.

Nesse ponto, como em muitos outros, o espiritismo veio complementar o ensinamento de Jesus, no momento em que os homens já estão preparados para compreender a verdade. Com o espiritismo, a vida futura deixou de ser uma hipótese, um simples artigo de fé, para tornar-se uma realidade material comprovada por fatos descritos por testemunhas oculares com tantos detalhes que não resta possibilidade de dúvidas. Até mesmo a mais simples inteligência pode fazer idéia do seu verdadeiro aspecto, como se imaginasse um lugar do qual tem apenas uma descrição detalhada. Ora, a descrição da vida futura é tão pormenorizada e as condições de uma existência feliz ou infeliz, daqueles que nela se encontram, são tão racionais que, mesmo a contragosto, precisamos admitir que não podia ser de outra forma e que ela representa a verdadeira justiça de Deus.

O LIVRO DOS ESPÍRITOS

868. O futuro pode ser revelado ao homem?
 – *Em princípio, o futuro lhe é desconhecido; só em casos raros e excepcionais Deus permite que seja revelado.*

869. Com que propósito o futuro é ocultado do homem?
 – *Se o homem conhecesse o futuro, ele negligenciaria o presente e não agiria com a mesma liberdade, porque seria dominado pelo pensamento de que, se uma coisa tem de acontecer, não adianta se preocupar, ou, no máximo, procuraria impedir que acontecesse. Deus não quis que fosse assim a fim de que cada um possa contribuir para a realização das coisas, mesmo daquelas a que tenha vontade de opor-se. Assim, tu mesmo, sem percebê-lo, muitas vezes preparas os acontecimentos que te atingirão no curso da tua vida.*

VIDA PLENA

"Minha irritação não soluciona problema algum".

PRECE

Bons espíritos que vêm nos instruir, tornai-nos dóceis aos vossos conselhos; afastai-nos de todo pensamento de egoísmo, orgulho, inveja e ciúme; inspirai-nos à indulgência e benevolência para com os nossos semelhantes presentes, amigos ou inimigos; fazei, enfim, que reconheçamos a vossa salutar influência nos sentimentos que nos animam.

Terça-feira

Capítulo 3
HÁ MUITAS MORADAS NA CASA DE MEU PAI

1. Que não se perturbe vosso coração. Credes em Deus; crede também em mim. Há muitas moradas na casa de meu Pai. Se assim não fosse, eu já vos teria dito, pois me vou para vos preparar o lugar. E, após ter ido e ter-vos preparado o lugar, voltarei e vos levarei comigo para que, onde eu estiver, estejais também. (JOÃO, 14:1-3).

Diferentes estados da alma na erraticidade

2. A casa de meu Pai é o Universo. As diferentes moradas são os mundos que giram no espaço infinito e oferecem aos espíritos encarnados lugares apropriados ao seu adiantamento.

Independentemente da diversidade dos mundos, essas palavras podem também referir-se ao estado feliz ou infeliz do espírito na erraticidade. Conforme esteja mais ou menos depurado e liberto dos laços materiais, o meio em que se encontra, o aspecto das coisas, as sensações que experimenta, as percepções que possui, tudo isso varia muito. Enquanto uns não conseguem afastar-se do ambiente em que viveram, outros se elevam e percorrem o Espaço e os mundos. Enquanto alguns espíritos culpados vagueiam nas trevas, os felizes gozam de uma luz resplandecente e do sublime espetáculo do Infinito. Enquanto, finalmente, o mau, atormentado por remorsos e desgostos, muitas vezes sozinho, sem consolação, separado dos objetos de sua afeição, geme oprimido por sofrimentos morais, o justo, novamente unido àqueles a quem ama, desfruta de uma indescritível felicidade. Portanto, essas também se constituem em moradas, embora não sejam delimitadas nem localizadas.

O LIVRO DOS ESPÍRITOS

55. Todos os globos que giram no Espaço são habitados?
– Sim, e o homem da Terra está longe de ser, como pensa, o primeiro em inteligência, em bondade e em perfeição. No entanto, há homens que se acham muito importantes, que imaginam que só este pequeno globo possui o privilégio de ter seres racionais. Orgulho e vaidade! Julgam que Deus criou o Universo só para eles.

Deus povoou os mundos com seres vivos, todos concorrendo para o objetivo final da Providência. Acreditar que os seres vivos limitam-se somente ao ponto do Universo que habitamos, seria pôr em dúvida a sabedoria de Deus, que nada faz de inútil. Ele deve ter dado aos mundos uma destinação mais séria do que a de deleitar-nos o olhar. Aliás, nada na posição, no volume ou na constituição física da Terra pode razoavelmente fazer supor que só ela tem o privilégio de ser habitada, excluindo tantos milhares de mundos semelhantes.

VIDA PLENA

"Nas lutas habituais, não exijo a educação do companheiro, demonstro a minha".

PRECE

Bons espíritos que vêm nos instruir, dai aos médiuns, que encarregastes de nos transmitir os vossos ensinamentos, a consciência da santidade do mandato que lhes está confiado e da gravidade do ato que vão realizar, a fim de que nele empreguem o fervor e o recolhimento necessários.

Quarta-feira

Capítulo 4
NINGUÉM PODE VER O REINO DE
DEUS SE NÃO NASCER DE NOVO

1. Chegando à região de Cesaréia de Felipe, Jesus interrogou Seus discípulos, dizendo-lhes: "Que dizem os homens a respeito do Filho do Homem? Dizem que sou quem?". E eles responderam: "Uns dizem que és João Batista; outros, Elias; outros, Jeremias ou algum dos profetas". Jesus perguntou-lhes: "E vós, quem dizeis que sou?". Tomando a palavra, Simão Pedro respondeu: "Tu és o Cristo, o Filho de Deus vivo". E Jesus lhe disse em resposta: "Simão, filho de Jonas, és bem-aventurado porque não foi a carne nem o sangue que te revelaram isso, mas meu Pai, que está nos Céus". (MATEUS, 16:13-17; MARCOS, 8:27-30).

Ressurreição e reencarnação

4. A reencarnação fazia parte dos dogmas judaicos, sob o nome de *ressurreição*. Só os saduceus,[1] que pensavam que tudo acabava com a morte, não acreditavam nela. As idéias dos judeus a respeito deste assunto e de muitos outros não eram claramente definidas, pois eles tinham apenas noções vagas e incompletas sobre a alma e sua ligação com o corpo. Acreditavam que um homem podia reviver, mas não tinham uma noção exata da maneira como isso poderia acontecer. Pela palavra *ressurreição*, eles designavam o que o espiritismo mais acerta-

---
[1] Saduceus: Seguidores de uma seita judaica, constituída por volta de 248 a.C., que não acreditavam na imortalidade da alma (Veja detalhes na *Introdução*, item III, *Notas históricas*, página 30 do *Evangelho*).

damente chama de *reencarnação*. Na verdade, a *ressurreição* admite o retorno à vida do corpo que pereceu, o que a ciência demonstra ser materialmente impossível, uma vez que os elementos desse corpo já se desintegraram.

A *reencarnação* é, portanto, o retorno da alma, ou espírito, à vida física, mas em outro corpo recentemente formado para ele, e que nada tem a ver com o antigo. Assim, a palavra *ressurreição* poderia aplicar-se a Lázaro, mas não a Elias nem aos outros profetas. Se, pois, segundo sua crença, João Batista era Elias, o corpo de João não poderia ser o de Elias, já que tinham visto João quando criança e conheciam seu pai e sua mãe. Portanto, João podia ser Elias *reencarnado*, mas não *ressuscitado*.

O LIVRO DOS ESPÍRITOS

1010. O dogma da ressurreição da carne é a ratificação da doutrina da reencarnação ensinada pelos espíritos?

– *Como podeis querer que seja de outro modo? Acontece com estas palavras o mesmo que acontece com tantas outras, que parecem despropositadas segundo a opinião de algumas pessoas, só porque as tomam ao pé da letra, e por isso levam à incredulidade. Dai-lhes, porém, uma interpretação lógica e aqueles a quem chamais livres-pensadores as admitirão sem dificuldade, exatamente porque pensam. Não vos enganeis, o que esses livres-pensadores mais desejam é crer. Como os outros, e talvez até mais do que os outros, eles se preocupam com o futuro, mas não podem admitir o que é contestado pela ciência. A doutrina da pluralidade das existências é coerente com a justiça de Deus; só ela pode explicar o que, sem ela, é inexplicável. Como poderíeis imaginar que seu princípio não estivesse na própria religião?*

VIDA PLENA

"Ajudo sem exigências, para que os outros me auxiliem sem reclamações?".

PRECE

Deus Todo-Poderoso, permiti que os bons espíritos me assistam no trabalho espiritual que realizo. Preservai-me da presunção de crer-me ao abrigo dos maus espíritos; do orgulho que poderia me enganar sobre o valor do que obtenho; de todo o sentimento contrário à caridade, com respeito aos outros servidores. Se estou induzido ao erro, inspirai a alguém o pensamento de me advertir e a mim a humildade que me fará aceitar a crítica com reconhecimento e tomar para mim mesmo, e não para os outros, os conselhos que quererão me inspirar os bons espíritos.

Quinta-feira

Capítulo 5
BEM-AVENTURADOS OS AFLITOS

1. Bem-aventurados os que choram, pois serão consolados. Bem-aventurados os que têm fome e sede de justiça, pois serão saciados. Bem-aventurados os que sofrem perseguição pela Justiça, porque é deles o reino dos Céus. (MATEUS, 5:4, 6 e 10).

Justiça das aflições

3. As compensações que Jesus promete aos aflitos na Terra só podem se realizar na vida futura. Sem a certeza do futuro, esses preceitos morais seriam um contra-senso. Mais do que isso, seriam um engodo. Mesmo com essa certeza, é difícil compreender a utilidade de ter que sofrer para ser feliz. Diz-se que é para ter mais mérito. Mas, então, pergunta-se: "Por que uns nascem na miséria e outros na riqueza, sem ter feito nada que justifique tal situação? Por que para uns nada dá certo, enquanto para outros tudo parece sorrir?". O que é ainda mais difícil de compreender, porém, é ver as coisas boas e as coisas más distribuídas com tanta desigualdade entre o vício e a virtude; ver homens virtuosos sofrendo ao lado de maus que enriquecem. A fé no futuro pode consolar e ajudar a ter paciência, mas não explica essas aberrações que parecem desmentir a justiça de Deus.

No entanto, uma vez que se admita que Deus existe, só se pode imaginá-Lo como a Suprema Perfeição. Ele deve ser todo justiça, todo bondade, todo poder. Sem isso, não seria Deus. Se Deus é absolutamente bom e justo, não pode agir por capricho nem com parcialidade. *Portanto, as contrariedades da vida têm uma causa. E, uma vez que Deus é justo, essa causa deve ter um motivo.* É disso que todos devem se convencer. Por intermédio dos ensinamentos de Jesus, Deus encaminhou os homens para a compreensão dessa causa, e hoje, achando-os suficientemente amadurecidos para compreendê-la, Ele a revela sem restrições pelo *espiritismo*, ou seja, pela *palavra dos espíritos*.

O LIVRO DOS ESPÍRITOS

920. O homem pode gozar de uma felicidade completa na Terra?

- *Não, uma vez que a vida lhe foi dada como prova ou expiação; mas depende dele abrandar seus males e ser o mais feliz que puder.*

921. Entende-se que o homem será feliz na Terra quando a humanidade estiver transformada. Mas, enquanto isso, todos podem garantir para si uma felicidade relativa?

- *Na maioria das vezes, o homem é o artífice da própria infelicidade. Praticando a Lei de Deus, ele se poupa de muitos males e proporciona a si próprio uma felicidade do tamanho da que sua existência material pode comportar.*

VIDA PLENA

"Discuto com serenidade? O opositor tem direitos iguais aos meus?".

PRECE

Deus Todo-Poderoso, permiti que os bons espíritos que me cercam venham em meu auxílio quando eu estiver em dificuldade e que me sustentem sem vacilo. Fazei, Senhor, com que eles me inspirem a fé, a esperança e a caridade; que sejam para mim um apoio, uma esperança e uma prova da sua misericórdia. Fazei, enfim, com que eu encontre junto deles a força que me falta nas provas da vida, a resistência às sugestões do mal, a fé que salva e o amor que consola.

Sexta-feira

Capítulo 6
O CRISTO CONSOLADOR

1. Vinde a mim todos vós que estais aflitos e oprimidos, e eu vos aliviarei. Tomai sobre vós o meu jugo e aprendei comigo, que sou manso e humilde de coração. Achareis, então, repouso para vossas almas, pois o meu jugo é suave e o meu fardo é leve. (MATEUS, 11:28-30).

O jugo leve

2. Todos os sofrimentos, como as dores físicas, os infortúnios, as misérias, as decepções, a perda de entes queridos, encontram consolação na fé no futuro e na confiança na justiça de Deus que o Cristo veio ensinar aos homens. Porém, para aquele que nada espera após a vida presente, ou que simplesmente duvida da vida futura, as aflições passam a ter um peso tal que nenhuma esperança consegue aliviar a amargura. Foi isso que levou Jesus a dizer: "Vinde a mim todos vós que estais aflitos, e eu vos aliviarei".

Mas Jesus impõe uma condição para Sua assistência e para a felicidade que promete aos aflitos. Essa condição está na própria Lei que Ele ensina. Seu jugo é o cumprimento dessa Lei. Esse jugo é leve e essa Lei é branda, porque impõem como dever o amor e a caridade.

O LIVRO DOS ESPÍRITOS

258. Na erraticidade, e antes de começar uma nova existência corporal, o espírito tem consciência e previsão das coisas que lhe acontecerão durante a vida?

- *Ele mesmo escolhe a espécie de provas pelas quais quer passar, e nisso consiste seu livre-arbítrio.*

258a. Então, não é Deus que lhe impõe as tribulações da vida como castigo?

- *Nada acontece sem a permissão de Deus, pois foi Ele quem estabeleceu todas as leis que regem o Universo. Quereis saber, então, por que Deus fez esta e não aquela lei. Ao dar ao espírito liberdade de escolha, Deus lhe deixa plena responsabilidade por seus atos e pelas respectivas consequências; nada lhe atrapalha o futuro; o caminho do bem está ao seu dispor, assim como o caminho do mal. Se sucumbir, porém, resta-lhe uma consolação: a de que nem tudo acabou para ele e de que Deus, na Sua bondade, deixa-lhe a liberdade de recomeçar o que foi malfeito. Aliás, é preciso distinguir entre o que é obra da vontade de Deus e o que é obra do homem. Se um perigo vos ameaça, não fostes vós que o criastes, foi Deus; mas a decisão de expor-se a ele, porque nele vistes um meio de progredir, é vossa, e Deus o permite.*

VIDA PLENA

"Ajudo conversando? Saber ouvir é uma caridade?".

PRECE

Espíritos bem-amados, anjos guardiões, vós, a quem Deus em sua infinita misericórdia permite velar pelos homens, sede meus protetores nas provas da minha vida terrestre. Dai-me a força, a coragem e a resignação; inspirai-me tudo o que é bom e detende-me na inclinação do mal. Que vossa doce influência penetre minha alma! Fazei com que eu sinta que um amigo devotado está perto de mim, que vê meus sofrimentos e partilha minhas alegrias. E vós, meu bom anjo, não me abandoneis. Tenho necessidade de toda a vossa proteção para suportar com fé e amor as provas que aprouver a Deus enviar-me.

Sábado

Capítulo 7
BEM-AVENTURADOS OS POBRES DE ESPÍRITO

O que se deve entender por pobres de espírito

1. Bem-aventurados os pobres de espírito, pois deles é o reino dos Céus. (MATEUS, 5:3).

2. Os incrédulos zombam da máxima *Bem-aventurados os pobres de espírito*, como zombam de muitos outros preceitos morais, sem compreendê-los. Por *pobres de espírito*, Jesus não Se refere aos desprovidos de inteligência, mas sim aos humildes. Ele diz que deles é o reino dos Céus, e não dos orgulhosos.

Os homens que o mundo considera instruídos e sábios têm geralmente tão alto conceito de si mesmos e de sua superioridade que julgam as coisas divinas indignas de sua atenção. Concentrados somente em si próprios, não conseguem voltar-se para Deus. Essa tendência a se achar superiores a tudo e a todos leva-os a negar com frequência o que, estando acima deles, poderia rebaixá-los; leva-os a negar até mesmo a Divindade. E quando concordam em admiti-La, questionam-Lhe um de Seus mais belos atributos – a ação providencial sobre as coisas deste mundo –, convencidos de que só eles já bastam para bem governá-lo. Tomando a própria inteligência como padrão da inteligência universal, e julgando-se capazes de tudo compreender, descartam aquilo que não conseguem explicar e, quando opinam sobre algo, consideram seu ponto de vista como definitivo e irrevogável.

Quando se recusam a admitir o mundo invisível e um poder extra-humano, não o fazem porque isso esteja acima de sua capacidade de entendimento, mas porque seu orgulho se revolta diante da idéia de que haja algo acima deles e que os faria descer de seu pedestal. Eis por que só têm sorrisos irônicos para tudo o que não pertence ao mundo visível e palpável. Atribuem a si mesmos inteligência e cultura demasiadas para crer em coisas que, segundo eles, são adequadas apenas para pessoas *simples*, e consideram *pobres de espírito* quem as leva a sério.

Entretanto, digam o que disserem, terão de entrar no mesmo mundo invisível que ridicularizam do mesmo modo como acontece com todas as outras pessoas. É lá que seus olhos serão abertos e que reconhecerão o equívoco cometido. Mas Deus, que é justo, não pode receber da mesma maneira quem ignorou o Seu poder e quem se submeteu humildemente às Suas leis, nem pode ter para com ambos igual consideração.

Ao dizer que o reino dos Céus é para os simples, Jesus quer dizer que ninguém é admitido lá sem a *simplicidade do coração* e a *humildade do espírito*; que o inculto que possui essas qualidades será preferido ao sábio que crê mais em si mesmo do que em Deus. Em todas as circunstâncias, Jesus coloca a humildade entre as virtudes que nos aproximam de Deus e o orgulho entre os vícios que Dele nos afastam. E isso ocorre por uma razão muito natural: é que a humildade é um ato de submissão a Deus, ao passo que o orgulho é uma revolta contra Ele. Portanto, para a felicidade futura do homem, mais vale que ele seja *pobre de espírito*, na opinião do mundo, e rico em qualidades morais, aos olhos de Deus.

O LIVRO DOS ESPÍRITOS

918. Por que sinais se pode reconhecer num homem o progresso real que deve elevar-lhe o espírito na hierarquia espírita?

– O espírito prova sua elevação quando todos os atos de sua vida corporal consistem na aplicação da Lei de Deus e quando ele compreende, antecipadamente, a vida espiritual.

VIDA PLENA

"Sou conduzido pelo instinto ou pela razão?".

PRECE

Em nome de Deus Todo-Poderoso, que os maus espíritos se afastem de mim e que os bons me sirvam de proteção contra eles.

Domingo

Capítulo 8

BEM-AVENTURADOS OS PUROS DE CORAÇÃO

Deixai vir a mim as criancinhas

1. Bem-aventurados os puros de coração, porque verão a Deus. (MATEUS, 5:8).

2. Então, apresentaram a Jesus algumas criancinhas para que Ele as tocasse. E como Seus discípulos repelissem com palavras ríspidas aqueles que as apresentavam, Jesus, vendo aquilo, zangou-Se e lhes disse: "Deixai vir a mim as criancinhas e não as impeçais, pois o reino dos Céus é para aqueles que se assemelham a elas. Em verdade vos digo: quem não aceitar o reino de Deus como uma criança, nele não entrará. E, tendo-as abraçado, abençoou-as, impondo-lhes as mãos. (MARCOS, 10:13-16).

3. A pureza do coração é inseparável da simplicidade e da humildade. Ela exclui qualquer pensamento de egoísmo e de orgulho. Por isso Jesus toma a infância como símbolo dessa pureza, como a tomou também como símbolo de humildade.

Essa comparação poderia parecer incorreta se considerássemos o espírito da criança como uma alma muito antiga que, ao renascer, trouxe consigo para a vida corporal as imperfeições de que não se despojou em suas existências anteriores. Então, só um espírito que tivesse alcançado a perfeição poderia nos dar o exemplo da verdadeira pureza. Mas, do ponto de vista da vida presente, a comparação é exata, pois a criança, não tendo ainda podido manifestar nenhuma tendência má, apresenta-nos uma imagem de inocência e candura. Assim, Jesus não diz de modo categórico que o reino de Deus *é para elas*, mas *para aqueles que se parecem com elas*.

4. Uma vez que o espírito da criança já viveu outras encarnações, por que não se mostra, desde o nascimento, tal como ele é? Tudo é sabedoria na obra divina! A criança precisa de cuidados especiais que só a ternura da mãe pode lhe dispensar; ternura que aumenta diante da fragilidade e da ingenuidade pueril. Para a mãe, seu filho é sempre um anjo. E tinha de ser assim para conquistar-lhe a solicitude. Ela não conseguiria ter para com o filho a mesma abnegação se percebesse nele, ao invés da ingenuidade infantil, um caráter viril e idéias de um adulto. Menos ainda se conhecesse o seu passado.

Além disso, é necessário que a atividade do princípio inteligente seja proporcional à fragilidade do corpo, o qual não conseguiria resistir a uma atividade exagerada do espírito, como se pode observar em crianças muito precoces. É por isso que o espírito se perturba quando se aproxima o momento da encarnação e perde pouco a pouco a consciência de si mesmo. Ele fica por determinado período numa espécie de sono, durante o qual todas as suas faculdades permanecem em estado latente. Esse estado transitório é necessário para dar ao espírito um novo ponto de partida e fazê-lo esquecer, na sua nova existência terrena, tudo o que poderia dificultá-la. Seu passado, porém, influi sobre ele, que renasce para a Vida Maior moral e intelectualmente mais forte, apoiado e auxiliado pela intuição que guarda da experiência adquirida.

A partir do nascimento, à medida que os órgãos se desenvolvem, suas idéias recomeçam gradualmente a entrar em atividade. Donde podemos concluir que durante os primeiros anos o espírito é realmente uma criança, pois as idéias que formam a base do seu caráter ainda estão adormecidas. Durante o período em que seus instintos estão inertes, ele é mais dócil e, por isso mesmo, mais acessível às impressões que podem modificar-lhe o caráter e fazê-lo progredir, o que torna mais fácil a tarefa atribuída aos pais.

Assim, durante algum tempo, o espírito volta a usar a veste da inocência. Por esse motivo, Jesus tem razão quando, apesar dos antecedentes da alma, toma a criança como símbolo da pureza e da simplicidade.

O LIVRO DOS ESPÍRITOS

459. Os espíritos influem sobre nossos pensamentos e atos?
- *Quanto a isso, sua influência é bem maior do que imaginais, pois frequentemente são eles quem vos dirigem.*
460. Temos pensamentos que nos são próprios e outros que nos são sugeridos?
- *Vossa alma é um espírito que pensa. Não ignorais que vários pensamentos sobre o mesmo assunto vos ocorrem simultaneamente, e muitas vezes totalmente opostos entre si. Pois bem, entre esses pensamentos sempre há os que são vossos e os que são nossos. É isso que vos deixa confusos, porque tendes em vós duas idéias que se opõem.*

VIDA PLENA

"Quem sou eu? Como me vejo? Tenho sido uma pessoa autêntica e verdadeira?".

PRECE

Espíritos bem-amados, anjos guardiões, vós, a quem Deus em sua infinita misericórdia permite velar pelos homens, sede meus protetores nas provas da minha vida terrestre. Dai-me a força, a coragem e a resignação; inspirai-me em tudo o que é bom e detende-me na inclinação do mal. Que vossa doce influência penetre minha alma! Fazei com que eu sinta que um amigo devotado está perto de mim, que vê meus sofrimentos e partilha minha alegrias.

Segunda-feira

Capítulo 9
BEM-AVENTURADOS OS MANSOS E PACÍFICOS

Injúrias e violências

1. Bem-aventurados os mansos, pois eles possuirão a Terra. (MATEUS, 5:4).

2. Bem-aventurados os pacíficos, porque serão chamados de filhos de Deus. (MATEUS, 5:9).

4. Com essas máximas, Jesus faz da doçura, da moderação, da mansuetude, da afabilidade e da paciência uma lei. Consequentemente, condena a violência, a cólera e qualquer outra expressão indelicada para com Seus semelhantes. Entre os hebreus, *raca* era uma expressão de desprezo que significava *homem insignificante*, e se pronunciava cuspindo e virando a cabeça para o lado. Jesus vai mais longe ainda quando ameaça com o fogo do inferno quem disser ao seu irmão: "És louco".

É evidente que aqui, como em qualquer outra circunstância, a intenção agrava ou atenua a falta. Mas, o que uma simples palavra pode ter de tão grave, a ponto de receber uma reprovação tão severa? É que toda palavra ofensiva é uma manifestação de sentimentos contrários à Lei do Amor e da Caridade que deve pautar as relações entre os homens e manter a concórdia e a união entre eles; é um golpe desferido na benevolência recíproca e na fraternidade, e alimenta o ódio e o ressentimento. Enfim, para Deus, depois da humildade, a caridade para com o próximo é a lei mais importante de todo cristão.

5. Mas o que Jesus pretendia dizer com estas palavras: "Bem-aventurados os mansos, pois eles possuirão a Terra"? Justamente Ele, que aconselhava a renunciar aos bens terrenos, prometendo os do Céu?!

Enquanto espera os bens do Céu, o homem precisa dos bens da Terra para viver. Então, Jesus recomenda que não se dê a estes últimos mais importância do que aos primeiros. Portanto, com tais palavras, Ele quis dizer que ainda hoje os bens da Terra são monopolizados pelos violentos, em prejuízo dos que são mansos e pacíficos; que a estes muitas vezes falta o necessário, ao passo que outros dispõem do supérfluo. Ele promete que lhes será feita justiça, *na Terra como no Céu*, porque são chamados de filhos de Deus.

Quando a Lei do Amor e da Caridade prevalecer na humanidade, não haverá mais egoísmo: o fraco e o pacífico não serão mais explorados nem oprimidos pelo forte e pelo violento. Assim será a situação da Terra quando, segundo a Lei da Evolução e a promessa de Jesus, o planeta se transformar num mundo feliz, após a exclusão dos maus.

O LIVRO DOS ESPÍRITOS

114. Os espíritos são bons ou maus por natureza, ou são eles próprios que se melhoram?

- *São os próprios espíritos que se melhoram; melhorando-se, passam de uma ordem inferior para uma ordem superior.*

115. Entre os espíritos, alguns foram criados bons e os outros maus?

- *Deus criou todos os espíritos simples e ignorantes, ou seja, sem conhecimentos. Deu a cada um uma missão com a finalidade de esclarecê-los e fazê-los chegar progressivamente à perfeição pelo conhecimento da verdade, e para aproximá-los de Si. Para eles, a felicidade eterna reside nessa perfeição.*

Os espíritos adquirem esses conhecimentos passando pelas provas que Deus lhes impõe. Uns as aceitam com submissão e atingem mais depressa o ponto de chegada; outros só passam pelas provas reclamando, e assim, por sua culpa, ficam longe da perfeição e da prometida felicidade.

VIDA PLENA

"Levanto os que estão caídos? Sei onde seus pés tropeçarão?".

PRECE

Espíritos malfazejos que inspirais aos homens maus pensamentos; espíritos trapaceiros e mentirosos que os enganais; espíritos zombeteiros que vos divertis com sua credulidade, eu vos repilo com todas as forças de minha alma e fecho o ouvido às vossas sugestões; mas peço para vós a misericórdia de Deus.

Terça-feira

Capítulo 10
BEM-AVENTURADOS OS MISERICORDIOSOS

Perdoai para que Deus vos perdoe

1. Bem-aventurados os misericordiosos, porque eles próprios alcançarão misericórdia. (MATEUS, 5:7).

4. A misericórdia é o complemento da mansuetude, pois quem não é misericordioso não será também dócil nem pacífico. O ódio e o rancor indicam uma alma sem elevação nem grandeza, ao passo que o esquecimento das ofensas é um atributo da alma nobre que está acima dos golpes que possam lhe dar. A primeira é sempre ansiosa, de um ressentimento sombrio e cheio de amargura; a outra é calma, cheia de mansidão e de caridade.

Infeliz daquele que diz: "Nunca perdoarei", pois se não for condenado pelos homens, certamente o será por Deus. Com que direito reclamaria o perdão das próprias faltas, se ele mesmo não perdoa as faltas dos outros? Quando Jesus manda que perdoemos nosso irmão não sete vezes, mas setenta vezes sete, Ele nos ensina que a misericórdia não deve ter limites.

Mas há duas maneiras bem diferentes de perdoar. A primeira é grande, nobre, verdadeiramente generosa, sem segundas intenções, e procura com delicadeza não ferir o amor-próprio e os melindres do adversário, mesmo que ele esteja completamente errado. A segunda é aquela em que o ofendido, ou quem se julga ofendido, impõe ao outro condições humilhantes e o faz sentir o peso de um perdão que irrita, ao invés de acalmar. Quando estende a mão, não é com benevolência, mas com ostentação, para dizer a todos: "Vede com sou generoso!".

Em tais circunstâncias, é impossível que haja uma reconciliação sincera de ambas as partes. Não, isso não é generosidade! É uma forma de satisfazer o orgulho. Em qualquer conflito, quem se mostrar mais conciliador, quem demonstrar mais desprendimento, caridade e verdadeira grandeza de alma, sempre conquistará a simpatia das pessoas imparciais.

O LIVRO DOS ESPÍRITOS

386. Dois seres que se conheceram e se amaram podem tornar a encontrar-se numa outra existência corporal e reconhecer-se?

– *Reconhecer-se não; mas sentir-se atraídos um pelo outro, sim; e frequentemente ligações íntimas, baseadas numa afeição sincera, não têm outra causa. Dois seres se aproximam um do outro por circunstâncias aparentemente fortuitas, mas que são consequência da atração entre dois espíritos que se buscam no meio da multidão.*

389. De onde vem a repulsa instintiva que se sente, à primeira vista, por certas pessoas?

– *Espíritos antipáticos que se descobrem e se reconhecem sem se falar.*

390. A antipatia instintiva é sempre um sinal de má índole?

– *Dois espíritos não são necessariamente maus por não terem afinidades. A antipatia pode nascer da diferença no modo de pensar, mas à medida que se elevam as divergências se atenuam e a antipatia desaparece.*

VIDA PLENA

"Reconheço que o mal não merece comentário em tempo algum?".

PRECE

Bons espíritos que vos dignais a me assistir, dai-me a força de resistir à influência dos maus espíritos e as luzes necessárias para não ser vítima dos seus embustes. Preservai-me do orgulho e da presunção. Afastai do meu coração o ciúme, o ódio, a malevolência e todo sentimento contrário à caridade, que são tantas outras portas abertas ao espírito do mal.

Quarta-feira

Capítulo II
AMAR AO PRÓXIMO COMO A SI MESMO (I)

O maior mandamento

1. Tendo sabido que Jesus tinha calado a boca dos saduceus, os fariseus se reuniram e um deles que era doutor da lei, para tentar Jesus, fez-Lhe esta pergunta: "Mestre, qual é o maior mandamento da Lei?". E Jesus lhe respondeu: "Amarás ao Senhor teu Deus de todo o teu coração, de toda a tua alma e de todo o teu espírito. Este é o maior e o primeiro mandamento. E eis o segundo, que é semelhante a ele: Amarás ao teu próximo como a ti mesmo. Toda a Lei e os profetas estão contidos nestes dois mandamentos". (MATEUS, 22:34-40).

4. Amar ao próximo como a si mesmo, fazer pelos outros o que gostaríamos que fizessem por nós, eis a mais completa expressão da caridade, pois resume em si todos os deveres para com o próximo. Não há guia mais seguro, nesse caso, do que adotar a seguinte regra: façamos aos outros o que desejamos para nós. Com que direito exigiríamos dos nossos semelhantes bom procedimento, indulgência, benevolência e devotamento, se não lhes oferecemos isso? A prática dessas virtudes tende a destruir o egoísmo. Quando os homens as tomarem como norma de conduta, e como base de suas instituições, entenderão a verdadeira fraternidade e farão reinar entre eles a paz e a justiça. Não existirá mais ódio nem desavença, e sim união, concórdia e benevolência mútuas.

O LIVRO DOS ESPÍRITOS

886. Qual é o verdadeiro significado da palavra *caridade*, tal como Jesus a entendia?

– *Benevolência para com todos, tolerância quanto às imperfeições alheias, perdão das ofensas.*

O amor e a caridade são o complemento da Lei de Justiça, pois amar o próximo é fazer-lhe todo o bem de que formos capazes e que gostaríamos que nos fosse feito. Este é o significado das palavras de Jesus: *Amai-vos uns aos outros como irmãos.*

A caridade, segundo Jesus, não se limita à esmola; ela abrange todas as nossas relações com nossos semelhantes, sejam eles inferiores, iguais ou superiores a nós. A caridade nos exige compreensão, porque nós também precisamos de compreensão; proíbe-nos de humilhar os desafortunados, ao contrário do que frequentemente se faz. Quando uma pessoa rica se apresenta, lhe dispensamos mil atenções, mil considerações; se for pobre, parece que não há por que nos preocupar com ela. Ao contrário, quanto mais lamentável for sua situação, mais se deve ter o cuidado de não aumentar-lhe a infelicidade com nossa humilhação. O homem realmente bom procura elevar a auto-estima de quem lhe é inferior, diminuindo a distância entre ambos.

VIDA PLENA

"Diante da noite, maldigo as trevas ou acendo uma luz?".

PRECE

Vós me destes, ó meu Deus, a inteligência necessária para distinguir o que é bom do que é mal, no momento em que reconheço que uma coisa é má, sou culpado por não me esforçar em resistir a ela. Preservai-me do orgulho que poderia me impedir de aperceber-me dos meus defeitos e dos maus espíritos que poderiam me excitar a neles perseverar.

Quinta-feira

Capítulo II
AMAR AO PRÓXIMO COMO A SI MESMO (II)

Dai a César o que é de César

5. Tendo se retirado, os fariseus combinaram entre si surpreender Jesus em Suas próprias palavras. Mandaram então Seus discípulos, com os herodianos,[1] dizer-Lhe: "Mestre, sabemos que sois sincero e que ensinais o caminho de Deus pela verdade, sem fazer distinção a quem quer que seja, pois não discriminais a ninguém entre os homens. Dizei-nos então qual é a vossa opinião sobre isto: É lícito pagar o tributo a César, ou não?". Mas Jesus, percebendo a malícia, lhes respondeu: "Hipócritas, por que me tentais? Mostrai-me a moeda de prata que é dada como tributo". E tendo eles apresentado um denário, Jesus lhes disse: "De quem é esta imagem e esta inscrição?". "De César", responderam. Então Jesus replicou-lhes: "Dai, pois, a César o que é de César, e a Deus o que é de Deus".
Ouvindo Jesus falar dessa forma, eles ficaram admirados com Sua resposta e, deixando-O, retiraram-se. (MATEUS, 22:15-22; MARCOS, 12:13-17).

6. A pergunta feita a Jesus era motivada pelo fato de que os judeus, que tinham horror ao imposto que lhes era cobrado pelos romanos, haviam feito disso uma questão religiosa, chegando mesmo a organizar um numeroso partido para repelir o tributo. O pagamento desse imposto era, portanto, para eles

---
[1] Herodianos: Partidários de Herodes, os quais eram opositores dos fariseus.

um assunto muito irritante e totalmente atual, sem o qual a pergunta feita a Jesus: "É lícito pagar o tributo a César, ou não?" não teria o menor sentido. Na verdade, a pergunta era uma cilada, pois, conforme a resposta, os fariseus pretendiam excitar contra Jesus tanto a autoridade romana quanto os judeus dissidentes. Mas Jesus, percebendo a malícia, contornou a dificuldade, dando-lhes uma lição de justiça, ao dizer que restituíssem a cada um o que lhe era devido. (Veja o artigo *Publicanos*, na Introdução do *Evangelho*).

7. Esta sentença: "Dai a César o que é de César" não deve ser interpretada de forma restrita e incontestável. Neste, como em todos os ensinamentos de Jesus, há um princípio geral resumido sob uma forma prática e usual que é extraído de uma situação particular. Esse princípio é uma consequência daquele que nos manda agir para com os outros como gostaríamos que os outros agissem para conosco. Ele condena qualquer prejuízo material e moral causado aos outros, qualquer violação dos seus interesses; prescreve o respeito aos direitos de cada um, como cada um deseja que respeitem os seus; e se estende ao cumprimento dos deveres assumidos para com a família, a sociedade, a autoridade, como também para com os indivíduos.

O LIVRO DOS ESPÍRITOS

906. Alguém que faça o bem merece censura por ter consciência disso e reconhecê-lo intimamente?

– Uma vez que pode ter consciência do mal que pratica, deve tê-la igualmente do bem, a fim de saber se agiu bem ou mal. É pesando todas as suas ações na balança da Lei de Deus, e principalmente na da Lei de Justiça, de Amor e de Caridade, que poderá dizer se são boas ou más, aprová-las ou desaprová-las. Portanto, ele não pode ser censurado por reconhecer que venceu as más tendências e por estar satisfeito com isso, desde que não se envaideça, porque então incorreria em outra falta. (919)

VIDA PLENA

"Deus dá o frio conforme o cobertor? O que tem sido para mim o frio e o cobertor?".

PRECE

Senhor, que saibamos ser justos com aqueles que falham conosco tanto quanto o Pai tem sido para com as nossas faltas.

Sexta-feira

Capítulo 12
AMAI OS VOSSOS INIMIGOS

Pagar o mal com o bem

1. Ouvistes o que foi dito: "Amareis vosso próximo e odiareis vossos inimigos". Mas eu vos digo: "Amai vossos inimigos; fazei o bem aos que vos odeiam e orai por aqueles que vos perseguem e vos caluniam, para serdes filhos de vosso Pai, que está nos Céus, que faz com que o Sol se erga todos os dias sobre os bons e os maus e faz chover sobre os justos e os injustos. Pois, se amardes somente aqueles que vos amam, que recompensa tereis? Os publicanos também não fazem isso? E se saudardes apenas os vossos irmãos, o que fazeis mais do que os outros? Os pagãos também não fazem isso? Eu vos digo que, se vossa justiça não for maior que a dos escribas e dos fariseus, não entrareis no reino dos Céus". (MATEUS, 5:20, 43-47).

3. Se o amor ao próximo é o princípio da caridade, amar os inimigos é a sua aplicação máxima, pois esta virtude é uma das maiores vitórias alcançadas contra o egoísmo e o orgulho. Entretanto, as pessoas geralmente se enganam quanto ao sentido da palavra *amar* aplicada nessa circunstância. Jesus não quis dizer, com essas palavras, que se deve ter pelo inimigo o mesmo carinho que se tem por um irmão ou por um amigo, pois carinho pressupõe confiança. E não podemos ter confiança em alguém que sabemos que não nos quer bem; não podemos dar-lhe demonstrações de amizade, porque sabemos que é capaz

de abusar disso. Entre as pessoas que desconfiam umas das outras, não pode existir as mesmas manifestações de simpatia que existe entre pessoas que partilham das mesmas idéias. Não podemos, enfim, ao encontrar um inimigo, sentir prazer igual ao que sentimos quando encontramos um amigo, uma vez que esse sentimento tem origem na lei física da atração e repulsão dos fluidos. Por isso, o pensamento maldoso gera uma corrente fluídica cujo efeito é desagradável e o pensamento benevolente nos envolve com uma emanação agradável. Aí está a razão pela qual experimentamos diferentes sensações diante da aproximação de um amigo ou de um inimigo.

Amar os inimigos não pode, pois, significar que não devemos fazer distinção alguma entre eles e nossos amigos. Esse ensinamento do Cristo só parece difícil ou impossível de ser posto em prática, porque se pensa erradamente que ele manda que se dê, tanto ao inimigo como ao amigo, o mesmo lugar no coração. Se a pobreza da linguagem humana nos obriga a usar a mesma palavra para exprimir várias nuances de um mesmo sentimento, cabe à razão, diante de cada caso, estabelecer a diferença. Dessa forma, amar os inimigos não significa ter por eles uma afeição que não é espontânea, pois o contato com um inimigo faz o coração bater de maneira bem diferente do que acontece quando se trata de um amigo. Amar os inimigos é não ter contra eles nem ódio, nem rancor, nem desejo de vingança; é perdoar-lhes, *sem segundas intenções e incondicionalmente,* o mal que nos fazem; é não opor nenhum obstáculo à reconciliação; é desejar-lhes o bem e não o mal; é alegrar-se, ao invés de aborrecer-se, com as coisas boas que lhes aconteçam; é estender-lhes a mão caridosa em caso de necessidade; é evitar tudo o que possa prejudicá-los, seja *por palavras ou atos;* é, enfim, retribuir-lhes todo o mal com o bem, *sem a intenção de humilhá-los.* Quem fizer isso, cumpre as condições do mandamento *Amai os vossos inimigos.*

O LIVRO DOS ESPÍRITOS

391. A antipatia entre duas pessoas nasce primeiro naquela cujo espírito é o pior ou o melhor?

– *Tanto numa como noutra, mas os efeitos e as causas*

são diferentes. Um espírito mau tem antipatia por quem quer que possa julgá-lo e desmascará-lo; ao ver uma pessoa pela primeira vez, sabe que vai ser criticado; seu afastamento transforma-se em ódio, em ciúme, e lhe inspira o desejo de fazer o mal. O bom espírito sente repulsa pelo mau, porque sabe que não será compreendido por ele e porque não partilham os mesmos sentimentos; porém, consciente de sua superioridade, não sente ódio nem tem inveja do outro: limita-se a evitá-lo e a lastimá-lo.

VIDA PLENA

"Eu me aceito? Estou satisfeito comigo? Uso máscaras?".

PRECE

Bons espíritos que me protegeis, e sobretudos vós, meu anjo guardião, dai-me força para resistir às más sugestões e sair vitorioso na luta. Senhor, não me criastes culpado porque sois justo, mas com uma aptidão igual para o bem e para o mal; se sigo o mal caminho, é por efeito do meu livre-arbítrio. Mas, pela mesma razão que tenho a liberdade de fazer o mal, tenho a de fazer o bem; por conseguinte, tenho a de mudar de caminho.

Sábado

Capítulo 13
QUE VOSSA MÃO ESQUERDA NÃO SAIBA O QUE FAZ VOSSA MÃO DIREITA

Fazer o bem sem ostentação

1. Tende cuidado para não fazer vossas boas obras serem vistas apenas aos olhos dos homens; do contrário, não recebereis por elas a recompensa de vosso Pai, que está nos Céus. Assim, pois, quando oferecerdes esmola, não façais soar a trombeta diante de vós, como fazem os hipócritas nas sinagogas e nas ruas, a fim de serem exaltados pelos homens. Eu vos digo, em verdade, que estes já receberam sua recompensa. Portanto, quando oferecerdes esmola, que vossa mão esquerda não saiba o que faz vossa mão direita, para que a esmola fique em segredo, pois vosso Pai, que vê o que se passa em segredo, vos dará a recompensa. (MATEUS, 6:1-4).

3. Há grande mérito em fazer o bem sem ostentação. Esconder a mão que dá é ainda mais louvável. É um sinal incontestável de grande superioridade moral, porque, para ver as coisas mais além do que as pessoas comuns, é preciso distanciar-se da vida presente e identificar-se com a vida futura. Em resumo: é preciso colocar-se acima da humanidade para renunciar à satisfação que a apreciação dos homens proporciona e confiar na aprovação de Deus. Aquele que dá mais valor ao aplauso dos homens do que ao de Deus prova que acredita mais nos homens do que em Deus. Para essa pessoa, a vida presente vale mais do que a vida futura. E, embora ela diga o contrário,

age como se não acreditasse no que diz.

Quantas criaturas existem que só fazem uma doação na esperança de que o beneficiado vá alardear aos quatro ventos o favor que recebeu; que, à luz do dia, dão uma quantia estimável e, no escuro, não dariam uma moeda sequer! Eis por que Jesus disse: "Aqueles que fazem o bem com ostentação já receberam sua recompensa". Realmente, aquele que busca sua glorificação na Terra pelo bem que faz, já recebeu sua recompensa. Deus não lhe deve mais nada. Ele só tem a receber a punição pelo seu orgulho.

O ensinamento que diz: "Que a mão esquerda não saiba o que faz a mão direita" é, pois, um simbolismo que caracteriza admiravelmente a beneficência modesta. Mas, se existe a modéstia real, há também a falsa modéstia, isto é, a simulação da verdadeira modéstia. Há pessoas que escondem a mão que dá, tendo o cuidado de deixar uma pequena parte à mostra para que alguém note que a escondeu. Indigna e ridícula simulação da máxima do Cristo! Se os benfeitores orgulhosos são menosprezados entre os homens, o que não acontecerá então diante de Deus? Estes também já receberam sua recompensa na Terra. Foram notados, e estão satisfeitos por terem sido notados: isso é tudo o que terão.

Qual será então a recompensa daquele que faz cair sobre o beneficiado o peso de seus benefícios; que lhe exige, de alguma maneira, um testemunho de reconhecimento; que impõe sutilmente sua posição, exaltando os sacrifícios a que se submeteu para ajudá-lo? Ah! Este não terá sequer a recompensa terrestre, pois com isso priva-se da doce satisfação de ouvir bendizerem o seu nome, e aí é que está um dos principais castigos pelo seu orgulho. As lágrimas que enxuga em proveito de sua vaidade, ao invés de subirem aos Céus, tornam a cair sobre o coração do aflito e o ferem. Desse modo, o bem que faz não lhe traz o menor proveito, uma vez que o lamenta, pois todo benefício alegado é uma moeda falsa e sem valor.

A beneficência sem exibicionismo tem um duplo mérito: além da caridade material, é também caridade moral. Ela poupa a sensibilidade do beneficiado; faz com que ele aceite o benefício sem que o seu amor-próprio seja ofendido, além de resguardar sua dignidade de homem, que preferiria aceitar um trabalho a receber uma esmola. Ora, querer converter um trabalho em esmola, pelo modo como o oferecemos, é humilhar quem o recebe, pois há sempre orgulho e maldade em humilhar alguém. A verdadeira caridade, ao contrário, é delicada e hábil em ocultar o benefício, em evitar até as menores possibilidades que possam magoar, pois toda ofensa moral aumenta o sofrimento do necessitado. Ela sabe encontrar palavras afáveis e indulgentes que deixam o beneficiado à vontade diante do benfeitor, ao passo que a caridade orgulhosa o humilha. O sublime da verdadeira generosidade é quando o benfeitor, invertendo os papéis, encontra um meio de parecer que é ele o beneficiado diante daquele a quem presta um favor. Foi isso que Jesus quis ensinar quando disse: "Que a mão esquerda não saiba o que faz a mão direita".

O LIVRO DOS ESPÍRITOS

888. Quanto à esmola, que se deve pensar?

– *O homem reduzido a mendigar se degrada moral e fisicamente: ele se embrutece. Uma sociedade baseada na Lei de Deus e na justiça deve remediar a vida do fraco, sem humilhá-lo. Deve assegurar a existência dos que não podem trabalhar, sem deixar-lhes a vida à mercê do acaso e da boa vontade alheia.*

VIDA PLENA

"As dores sangram no corpo, mas ascendem luzes na alma?".

PRECE

Ó, Senhor, em sua infinita misericórdia, houve por bem conceder-me a existência atual, para que sirva ao meu adiantamento. Bons espíritos, ajudai-me a aproveitá-la, a fim de que não se torne perdida para mim e que, quando a Deus aprouver me retirá-la, eu dela saia melhor do que entrei.

Domingo

Capítulo 14
HONRAI VOSSO PAI E VOSSA MÃE

1. Conheceis os mandamentos: não cometereis adultério; não matareis; não roubareis; não prestareis falso testemunho; não fareis mal a ninguém; honrai vosso pai e vossa mãe. (MARCOS, 10:19; LUCAS, 18:20; MATEUS, 19:18 e 19).

Piedade filial

3. O mandamento *Honrai vosso pai e vossa mãe* é uma decorrência da lei geral de caridade e de amor ao próximo, pois não podemos amar ao próximo sem amar nosso pai e nossa mãe. A palavra *honrar* encerra, pois, um dever a mais para com eles: a piedade filial. Deus quis mostrar com isso que ao amor se deve juntar o respeito, as atenções, a submissão e a condescendência, o que envolve a obrigação de cumprir para com os pais, de uma forma ainda mais rigorosa, tudo o que a caridade determina com relação ao próximo. Esse dever se estende naturalmente às pessoas que assumem o papel de pai e mãe e que têm maior mérito, já que sua dedicação é menos obrigatória. Deus sempre pune de forma severa qualquer violação deste mandamento.

Honrar pai e mãe não significa somente respeitá-los; significa também assisti-los na necessidade; significa proporcionar-lhes repouso na velhice e cercá-los de cuidados, como fizeram conosco em nossa infância.

É principalmente com relação aos pais sem recursos que se mostra a verdadeira piedade filial. Acaso cumprem esse mandamento aqueles que acham que fazem um grande favor ao lhes dar o estritamente necessário, para que não morram de fome, enquanto eles próprios de nada se privam? Acomodando-os nos piores cômodos da casa, para não deixá-los na rua, enquanto reservam para si o que há de melhor e mais confortável? E os pais ainda podem dar-se por felizes quando não fazem isso de má vontade e não os obrigam a pagar pelo tempo que lhes resta de vida, descarregando em seus ombros todo o peso das tarefas domésticas! É justo que pais idosos e fracos sirvam de criados para filhos jovens e fortes? Acaso a mãe cobrou por seu leite quando ainda estavam no berço? Contou as vigílias que fez quando estavam doentes, os passos que deu para proporcionar-lhes o de que necessitavam? Não, não é apenas o estritamente necessário que os filhos devem aos seus pais pobres. São também, na medida do possível, as pequenas alegrias do supérfluo, as gentilezas, os agrados e os carinhos, que são apenas a retribuição pelo muito que receberam; o pagamento de uma dívida sagrada. Nisso reside a piedade filial aprovada por Deus.

Infeliz, pois, de quem se esquece daqueles que o sustentaram em sua infância e que, com a vida material, deram-lhe a vida moral; daqueles que tantas vezes passaram por duras privações para lhes garantir o bem-estar. Infeliz desse ingrato, pois será punido com a ingratidão e o abandono; será ferido em suas mais caras afeições *já na vida presente* ou, com toda certeza, sofrerá o que tiver feito os outros sofrerem numa próxima encarnação.

É verdade que alguns pais negligenciam seus deveres e não são o que deveriam ser para os filhos, mas cabe somente a Deus puni-los. Portanto, não cabe aos filhos censurá-los, porque talvez eles mesmos tenham merecido que assim fosse. Se a caridade estabelece como lei pagar o mal com o bem, ser tolerante com as imperfeições alheias, não falar mal do próximo, esquecer e perdoar as injustiças, amar os inimigos, quão maior não será essa obrigação com relação aos próprios pais! Por isso, os filhos devem adotar como regra de conduta para com os pais todos os ensinamentos de Jesus relativos ao próximo, dizendo a si mesmos que todo procedimento reprovável com estranhos é ainda mais censurável quando se trata dos pais, e o que no primeiro caso pode ser apenas uma falta, no segundo torna-se um crime, pois à falta de caridade junta-se então a ingratidão.

O LIVRO DOS ESPÍRITOS

890. O amor materno é uma virtude ou um sentimento instintivo, comum aos seres humanos e aos animais?

– Ambas as coisas. A natureza dotou a mãe do amor aos filhos em benefício da sua conservação. No animal, porém, esse amor se limita às necessidades materiais; cessa quando os cuidados se tornam desnecessários. No homem, persiste pela vida toda e comporta um devotamento e uma abnegação que são virtudes. Sobrevive até à morte e segue o filho no Além-túmulo. Bem vedes que há nele algo diferente do que há no amor animal. (205-385)

VIDA PLENA

"Minha postura de filho reflete o pagamento da dívida sagrada com meus pais?".

PRECE

Deus infinitamente bom, bendito seja o Vosso nome pelos pais que me concedestes. Não poderia receber melhores amigos nesta vida. Não me sentiria merecedor deles se com eles fosse ingrato e insensível às suas carências.

Bons espíritos que fostes os executores das vontades de Deus, amparai essas almas benditas que concederam a oportunidade atual de minha existência na Terra. Sêde testemunhas de meu reconhecimento e da gratidão pelos esforços empreendidos por eles durante toda minha vida. Que recaia somente sobre mim, minhas falhas de conduta. Não os condeneis, Senhor, pois tudo fizeram pela minha vitória.

Segunda-feira

Capítulo 15
FORA DA CARIDADE NÃO HÁ SALVAÇÃO

O que é preciso para ser salvo.
Parábola do bom samaritano

1. E, quando o Filho do Homem vier em Sua majestade, acompanhado de todos os anjos, sentar-Se-á no trono de Sua glória; e todas as nações serão reunidas diante Dele, para que separe uns dos outros, como um pastor separa as ovelhas das cabras. E colocará as ovelhas à Sua direita e as cabras à Sua esquerda. Então, o rei dirá àqueles que estiverem à Sua direita: "Vinde, vós que fostes abençoados por meu Pai! Tomai posse do reino que vos foi preparado desde a criação do mundo, pois tive fome e me destes de comer; tive sede e me destes de beber; precisei de abrigo e me abrigastes; estive nu e me vestistes; estive doente e me visitastes; estive na prisão e me fostes ver".
Então, os justos Lhe responderão, dizendo: "Senhor, quando é que vos vimos com fome e vos demos de comer, ou com sede e vos demos de beber? Quando é que vos vimos sem abrigo e vos abrigamos; ou sem roupa, e vos vestimos? E quando é que vos vimos doente ou na prisão e vos fomos visitar?". E o Rei lhes responderá: "Em verdade, vos digo que todas as vezes que fizestes isso a um dos menores de meus irmãos, foi a mim que o fizestes".
Em seguida, dirá também aos que estiverem à Sua esquerda: "Distanciai-vos de mim, malditos! Ide para o fogo eterno que foi preparado para o diabo e para os seus anjos, pois tive fome e não me destes de comer; tive sede e não me destes

de beber; precisei de abrigo e não me abrigastes; estive sem roupa e não me vestistes; estive doente ou na prisão e não me visitastes".

Então, eles assim Lhe responderão: "Senhor, quando é que vos vimos com fome, com sede, sem abrigo, sem roupa, doente ou na prisão e deixamos de vos assistir?". Mas Ele lhes responderá:"Em verdade, vos digo que todas as vezes que não o fizestes a um destes pequeninos, deixastes de fazê-lo a mim". E então estes irão para o suplício eterno; e os justos, para a vida eterna. (MATEUS, 25:31-46).

3. Toda a moral de Jesus se resume na caridade e na humildade, ou seja, nas duas virtudes contrárias ao egoísmo e ao orgulho. Em todos os Seus ensinamentos, Ele mostra essas virtudes como sendo o caminho da eterna felicidade. "Bem-aventurados", diz ele, "os pobres de espírito", quer dizer, os humildes, "pois é deles o reino dos Céus". Bem-aventurados os que têm o coração puro. Bem-aventurados os que são mansos e pacíficos. Bem-aventurados os que são misericordiosos. Amai o vosso próximo como a vós mesmos. Fazei aos outros o que gostaríeis que vos fizessem. Amai vossos inimigos. Perdoai as ofensas, se quiserdes ser perdoados. Fazei o bem sem ostentação. Julgai-vos a vós mesmos, antes de julgardes os outros. Humildade e caridade, eis o que Jesus não cessa de recomendar, e Ele mesmo dá o exemplo. Orgulho e egoísmo, eis o que não cessa de combater. E faz mais do que recomendar a caridade: coloca-a claramente, e em termos explícitos, como condição absoluta da felicidade futura.

No quadro em que Jesus ilustra o *juízo final*, precisamos levar em conta o simbolismo e a linguagem figurada. A homens como aos que Jesus falava, ainda incapazes de compreender as questões puramente espirituais, Ele tinha de apresentar imagens materiais chocantes e capazes de impressionar. Para ser melhor aceito, devia mesmo não afastar-Se demais das idéias de Seu tempo, já consagradas quanto à forma, reservando ao futuro a verdadeira interpretação de Suas palavras e dos pontos que ainda não podia explicar mais claramente. Mas, paralelamente ao sentido figurado do quadro, há uma idéia dominante: a da felicidade reservada ao justo e da infelicidade que aguarda o mau.

Naquele julgamento supremo, quais são os argumentos da sentença? Em que se baseia o inquérito? O juiz pergunta se esta ou aquela formalidade foi cumprida, se esta ou aquela prática exterior foi observada? Não. Ele se preocupa com uma coisa apenas: com a prática da caridade; e pronuncia a sentença, dizendo: "Vós, que socorrestes vossos irmãos, passai à direita! Vós, que fostes desumanos para com eles, passai à esquerda!". Interroga sobre a ortodoxia da fé? Faz alguma distinção entre aquele que crê de um modo e o que crê de outro? Não, pois Jesus coloca o samaritano, tido como ateu, mas que tem amor ao próximo, acima do ortodoxo desprovido de caridade. Portanto, Jesus não faz da caridade apenas uma das condições de salvação, e sim a única condição. Se houvesse outras a ser consideradas, Ele as teria revelado. Se coloca a caridade em primeiro plano, é porque, implicitamente, ela abrange todas as outras virtudes: a humildade, a mansidão, a benevolência, a indulgência, a justiça etc., e porque ela é a negação absoluta do orgulho e do egoísmo.

O LIVRO DOS ESPÍRITOS

893. Qual é a mais meritória de todas as virtudes?
- *Todas as virtudes têm seu mérito, porque todas são indicações de progresso no caminho do bem. Existe virtude sempre que há resistência voluntária à sedução das más tendências. Mas o sublime da virtude consiste no sacrifício do interesse pessoal pelo bem do próximo, sem segundas intenções. A mais meritória, portanto, é a que se apóia na mais desinteressada caridade.*

VIDA PLENA

"Como gostaria que fosse minha vida? Como entendo viver a vida em sua plenitude?".

PRECE

Meu Deus, eu vos agradeço por me terdes permitido sair vitorioso da luta que tenho de sustentar contra o mal. Fazei com que essa vitória me dê forças para resistir a novas tentações.

E vós, meu anjo guardião, eu vos agradeço pela assistência que me destes. Possa minha submissão aos vossos conselhos merecer de novo a vossa proteção.

Terça-feira

Capítulo 16
NÃO SE PODE SERVIR A DEUS E A MAMON

Salvação dos ricos

1. Ninguém pode servir a dois senhores, pois ou odiará um e amará outro, ou se apegará a um e desprezará o outro. Não podeis servir a Deus e a Mamon ao mesmo tempo. (Lucas, 16:13).

2. Então, um jovem aproximou-se de Jesus e Lhe disse: "Bom mestre, que bem devo fazer para alcançar a vida eterna?". Jesus lhe respondeu: "Por que me chamas de bom? Só Deus é bom. Se queres entrar na vida, guarda os mandamentos". "Que mandamentos?", perguntou o jovem. E Jesus lhe disse: "Não matarás; não cometerás adultério; não roubarás; não darás falsos testemunhos; honrarás teu pai e tua mãe, e amarás teu próximo como a ti mesmo". Ao que o jovem respondeu: "Guardei todos esses mandamentos desde a infância, que me falta ainda?". Disse-lhe Jesus: "Se queres ser perfeito, vai, vende tudo o que possuis, dá aos pobres, e terás um tesouro no Céu; depois, vem e me segue". Ao ouvir essas palavras, o jovem se foi muito triste, porque possuía muitos bens, e Jesus disse aos Seus discípulos: "Em verdade, vos digo que é bem difícil que um rico entre no reino dos Céus. Digo-vos mais uma vez que é mais fácil um camelo passar pelo buraco de uma agulha do que um rico entrar no reino dos Céus".[1] (Mateus, 19:16-24; Lucas, 18:18-25; Marcos, 10:17-25).

---

[1] Essa figura de linguagem usada por Jesus pode parecer estranha, pois não se percebe a relação existente entre um camelo e uma agulha. Acontece que em hebraico a

Utilidade providencial da fortuna. Provas da riqueza e da miséria

7. A riqueza seria um obstáculo absoluto à salvação dos que a possuem se interpretássemos ao pé da letra algumas falas de Jesus, sem procurar entender seu verdadeiro sentido moral. Nesse caso, Deus, que a concede, teria posto nas mãos de alguns um instrumento de perdição, idéia que contraria a razão. A riqueza é, sem dúvida, uma prova bastante arriscada e mais perigosa do que a miséria, em razão das seduções e tentações que oferece e do fascínio que exerce. Ela é o excitante máximo do orgulho, do egoísmo e da vida sensual. É o laço mais poderoso que prende o homem à Terra e desvia os seus pensamentos do Céu. Ela provoca tamanha perturbação, que é comum ver-se aquele que passa da miséria à fortuna esquecer depressa sua antiga situação, bem como as pessoas que foram seus companheiros e que o ajudaram, tornando-se insensível, egoísta e fútil. Mas, embora a riqueza dificulte a jornada, não significa que a torne impossível e que não possa vir a ser um meio de salvação nas mãos de quem sabe fazer bom uso dela, tal como determinados venenos que restituem a saúde se empregados de maneira adequada e criteriosa.

Quando Jesus disse ao jovem que o interrogava sobre os meios para alcançar a vida eterna: "Desfaze-te de todos os teus bens e segue-me", não pretendia estabelecer como princípio absoluto que todos devam despojar-se do que possuem, e que este é o preço da salvação. Ele queria mostrar que *o apego aos bens terrenos* é um obstáculo à salvação. Aquele jovem, de fato, achava que estava quites com a Lei porque tinha observado alguns mandamentos. No entanto, recuou ante a idéia de abrir mão de seus bens, o que demonstra que seu desejo de alcançar a vida eterna não ia ao extremo de fazer tal sacrifício.

O que Jesus lhe propunha era uma prova decisiva para revelar a essência do seu pensamento. Sem dúvida, o jovem po-

---

mesma palavra era usada para designar **corda** e **camelo**. Na tradução, foi-lhe dada esse último significado. É provável, porém, que Jesus tivesse em mente o primeiro, que pelo menos é mais plausível.
• A corda, muito resistente e usada pelos hebreus para amarrar suas tendas no deserto, era feita com fios da cauda do camelo trançados. Daí ser designada pelo nome do animal.

dia ser um homem perfeitamente honesto perante a sociedade, não fazer mal a ninguém, não ser fútil nem orgulhoso, honrar seu pai e sua mãe, mas não possuía a verdadeira caridade, pois suas qualidades não chegavam até a renúncia em favor do próximo. O que Jesus quis demonstrar era a aplicação do princípio: *Fora da caridade não há salvação.*

A consequência dessas palavras, se tomadas ao pé da letra, seria a extinção da riqueza, por ser nociva à felicidade futura e tornar-se a causa de uma infinidade de males na Terra. Seria, além disso, a condenação do trabalho que pode proporcioná-la, o que é uma conclusão absurda, pois levaria o homem de volta à vida selvagem e, por isso mesmo, estaria em contradição com a Lei da Evolução, que é uma Lei de Deus.

Se a riqueza é a fonte de muitos males, se excita tantas más paixões, se provoca mesmo tantos crimes, não é a ela que devemos responsabilizar e sim ao homem que dela faz mau uso, como faz mau uso de todos os dons que Deus lhe deu. Pelo abuso, ele torna pernicioso o que lhe poderia ser útil. Essa é uma consequência do estado de inferioridade do mundo terrestre. Se a riqueza devesse provocar somente males, Deus não a teria posto na Terra. Portanto, cabe ao homem dela extrair o bem. Se ela não é um elemento direto do progresso moral, é incontestavelmente um poderoso elemento de progresso intelectual.

Realmente, o homem tem por missão trabalhar pelo progresso material do planeta. Ele deve desbravá-lo, saneá-lo e prepará-lo para um dia receber toda a população que sua extensão comporta. Para alimentar essa população que cresce sem cessar, é preciso aumentar-lhe a produção. Se a produção de uma região é insuficiente, é preciso buscá-la fora. Por isso mesmo, as relações entre os povos tornam-se uma necessidade. Para favorecê-las, é preciso descartar os obstáculos materiais que os separam; tornar as comunicações mais rápidas. Para esses trabalhos, que são a obra dos séculos, o homem teve de extrair materiais até das entranhas da terra e buscar na ciência meios de executá-los com maior segurança e rapidez. Mas para concretizá-los precisou de recursos: a necessidade o fez criar a riqueza, como fez com que descobrisse a ciência. A atividade exigida para esses mesmos trabalhos lhe desenvolveu a inteligência. Essa inteligência, que a princípio ele concentra na satisfação de suas necessidades materiais, o ajudará mais tarde a compreender as grandes verdades morais. Portanto, sem a riqueza, que é o principal meio de execução das necessidades do homem, não haveria grandes obras, nem atividades, nem incentivos, nem pesquisas. É pois, com razão, que ela é considerada um elemento de progresso.

O LIVRO DOS ESPÍRITOS

814. Por que Deus deu a uns riquezas e poder, e a outros miséria?

- *Para prová-los, cada um de forma diferente. Além do mais, vós o sabeis, os próprios espíritos escolheram essas provas, e muitas vezes não resistem a elas.*

815. Qual das duas provas é mais terrível para o homem: a da miséria ou a da fortuna?

- *Tanto uma como a outra o são. A miséria provoca queixas contra a Providência, a riqueza induz a todos os excessos.*

VIDA PLENA

"O arrependimento tem sido o primeiro passo para o ajuste dos meus erros? E depois?".

PRECE

Em nome de Deus Todo-Poderoso, bons espíritos que me protegeis, inspirai-me a melhor resolução a tomar na incerteza em que me encontro. Dirigi meu pensamento para o bem e desviai a influência daqueles que tentarem me desencaminhar.

Quarta-feira

Capítulo 17
SEDE PERFEITOS

Características da perfeição

1. Amai os vossos inimigos. Fazei o bem aos que vos odeiam e orai pelos que vos perseguem e vos caluniam, pois, se amardes somente os que vos amam, que recompensa tereis? Os publicanos não fazem o mesmo? E se saudardes só os vossos irmãos, que fazeis mais do que os outros? Os pagãos também não o fazem? Sede, pois, perfeitos como vosso Pai Celestial é perfeito. (MATEUS, 5:44, 46-48).

2. Já que Deus possui a perfeição infinita em todas as coisas, a máxima *Sede perfeitos como vosso Pai Celestial é perfeito,* tomada ao pé da letra, faria supor a possibilidade de atingir-se a perfeição absoluta. Se fosse dado à criatura ser tão perfeita quanto o Criador, ela se tornaria igual a Ele, o que é inadmissível. Sabendo que os homens a quem Se dirigia não compreenderiam esse raciocínio, Jesus limitou-Se a lhes apresentar um modelo e a dizer que se esforçassem para segui-lo. É preciso, pois, entender essas palavras com o sentido de *perfeição relativa,* a única a que a humanidade é capaz de atingir e a que mais a aproxima da Divindade.

Mas em que consiste essa perfeição? Jesus responde: "Amar seus inimigos; fazer o bem aos que nos odeiam; orar pelos que nos perseguem". Com isso, Ele mostra que a essência da perfeição é a caridade em seu sentido mais amplo, porque ela envolve a prática de todas as outras virtudes. Realmente, se observarmos as consequências de todos os vícios, ou mesmo dos simples defeitos, seremos forçados a reconhecer que não existe um que não perturbe, ou mais ou menos, o sentimento da caridade, pois todos têm origem no egoísmo e no orgulho, que são a sua negação. Portanto, tudo o que excita excessivamente o sentimento da personalidade destrói, ou no mínimo enfraquece, os elementos da verdadeira caridade, que são: a benevolência, a indulgência, a abnegação e o devotamento. O amor ao próximo, testemunhado até no amor pelos inimigos, não podendo ligar-se a nenhum defeito contrário à caridade, é, por isso mesmo, sempre um indício de maior ou menor superioridade moral. Donde se conclui que o grau de perfeição é proporcional à extensão desse amor. Eis por que Jesus, após ter dado aos Seus discípulos as regras da caridade naquilo que ela tem de mais sublime, lhes disse: "Sede, pois, perfeitos, como vosso Pai Celestial é perfeito".

O LIVRO DOS ESPÍRITOS

913. Qual é o maior de todos os vícios?

– *Já o dissemos muitas vezes, é o egoísmo: dele deriva todo o mal. Observai todos os vícios e vereis que no fundo de todos há egoísmo. Não adianta combatê-los; não conseguireis extirpá-los enquanto não atacardes o mal pela raiz, enquanto não lhe destruírdes a causa. Então, que todos os vossos esforços se voltem para esse objetivo, pois aí está a verdadeira chaga da sociedade. Quem quiser, já nesta vida, aproximar-se da perfeição moral, deve extirpar do coração todo sentimento de egoísmo, porque o egoísmo é incompatível com a justiça, o amor e a caridade: ele neutraliza todas as outras qualidades.*

VIDA PLENA

"Quando semeio ventos colho tempestades? A Lei de Ação e Reação é um fato ou uma impressão?".

PRECE

Deus Todo-Poderoso, que vedes as nossas misérias, dignai-vos escutar favoravelmente os votos que vos dirijo neste momento. Se o meu pedido for inconveniente, perdoai-me; se for justo e útil aos vossos olhos, que os bons espíritos que executam vossas vontades venham em minha ajuda para o seu cumprimento. (formular o pedido)

Quinta-feira

Capítulo 18
MUITOS SERÃO OS CHAMADOS E
POUCOS OS ESCOLHIDOS

Parábola do banquete de núpcias

1. E Jesus, falando ainda por meio de parábolas, lhes disse: "O reino dos Céus é como um rei que querendo festejar as bodas de seu filho enviou seus servos para chamar os convidados ao banquete, mas eles se recusaram a ir. Então, o rei enviou outros servos, ordenando que dissessem aos convidados: 'Preparei meu banquete, mandei matar meus bois e tudo que tinha cevado. Está tudo pronto. Vinde às bodas!'. Mas eles, desprezando o convite, se foram: um para o seu campo e o outro para o seu negócio. Os outros apoderaram-se dos servos e os mataram, após lhes terem feito vários ultrajes. Sabendo disso, o rei ficou tomado pela cólera e, tendo enviado seus soldados, exterminou os assassinos e incendiou sua cidade. Então, disse aos seus servos: 'O banquete de bodas está pronto, mas os convidados não eram dignos dele. Ide, pois, às ruas e convidai todos os que encontrardes'.
Saindo pelas ruas, os servos reuniram todos os que encontraram, tanto bons como maus, e a festa ficou cheia de pessoas que se puseram à mesa. O rei entrou em seguida para ver os convidados e, tendo notado um homem que não estava vestido adequadamente, lhe disse: 'Meu amigo, como entraste aqui sem ter a veste nupcial?'. O homem emudeceu. Então, o rei disse aos seus servos: 'Atai-lhe as mãos e os pés, e lançai-o nas trevas exteriores. Lá haverá pranto e ranger de dentes, pois muitos são os chamados e poucos os escolhidos' ". (MATEUS, 22:1-14).

2. O incrédulo zomba dessa parábola que lhe parece de uma ingenuidade pueril, pois não compreende que se possa fazer tantas exigências para se comparecer a um banquete. Compreende menos ainda que alguns convidados cheguem a ponto de massacrar os emissários do dono da festa. "As parábolas", diz o incrédulo, "são, sem dúvida, alegorias, mas ainda assim é preciso que elas não saiam do limite do aceitável".

O mesmo se pode dizer de todas as alegorias, bem como das fábulas mais engenhosas, se não buscarmos o sentido oculto contido em suas mensagens. Era isso que Jesus fazia: formulava suas parábolas, segundo os hábitos mais comuns da vida, e as adaptava aos costumes e ao caráter do povo com o qual dialogava. A maioria delas tinha o objetivo de incutir nas pessoas a idéia da vida espiritual. Portanto, seu significado só parece incompreensível quando não se toma esse ponto de vista como ponto de partida.

Nesta parábola, Jesus compara o reino dos Céus, onde tudo é alegria e felicidade, com um banquete. Quando cita os primeiros convidados, está fazendo alusão aos hebreus, que foram os primeiros chamados por Deus ao conhecimento de Sua Lei. Os emissários do rei são os profetas, que convidaram os judeus a seguir o caminho da verdadeira felicidade. Mas suas palavras eram pouco ouvidas; suas advertências eram menosprezadas e, então, muitos chegaram a ser massacrados, tal como aconteceu aos servos da parábola. Os convidados que dão como desculpa os cuidados que tinham de dispensar aos seus campos e aos seus negócios representam as pessoas mundanas que, concentradas nas atividades terrenas, são indiferentes às coisas celestes.

Entre os judeus daquela época, era crença que sua nação devia alcançar a supremacia sobre todas as outras. Deus não tinha, de fato, prometido a Abraão que seus descendentes iriam cobrir a Terra inteira? Mas como sempre, tomando a forma pelo conteúdo, eles não entenderam o ensinamento divino e acreditaram em uma dominação efetiva e material.

Antes da vinda de Jesus, com exceção dos hebreus, todos os povos eram idólatras e politeístas. Se alguns homens, superiores aos outros, conceberam a idéia da unidade divina, essa idéia ficou reduzida à situação de crença pessoal, pois em parte alguma foi aceita como verdade fundamental, a não ser por alguns poucos iniciados que ocultavam seus conhecimentos sob o véu do mistério, incompreensível para as massas.

Os hebreus foram os primeiros a praticar publicamente o monoteísmo. Foi a eles que Deus transmitiu Sua Lei: primeiramente por Moisés, depois por Jesus. Foi desse pequeno foco que partiu a luz que deveria expandir-se por todo o mundo, triunfar sobre o paganismo e dar a Abraão uma posteridade *espiritual*, "tão numerosa quanto as estrelas do firmamento". Mas os judeus, embora renegassem a idolatria, haviam negligenciado a lei moral para apegarem-se à prática do culto exterior, bem mais fácil. O mal então chegara ao seu extremo: a nação, dominada pelos romanos, estava esfacelada e dividida pelas seitas. A incredulidade havia penetrado, através das lutas políticas, até mesmo no templo. Então veio Jesus, enviado para chamá-los de volta à observância da Lei e abrir-lhes os novos horizontes da vida futura. Mas, sendo os *primeiros* convidados para o grande banquete da fé universal, rejeitaram a palavra do celeste Messias e o sacrificaram, perdendo assim o fruto que poderiam ter colhido de sua primazia.

Contudo, seria injusto acusar o povo todo por esse estado de coisas. A responsabilidade cabe principalmente aos fariseus e aos saduceus que, por orgulho e fanatismo de uns, e pela incredulidade de outros, arruinaram a nação. É a eles que Jesus compara os convidados que se recusaram a comparecer ao banquete de núpcias, acrescentando em seguida: "O rei, vendo isso, mandou convidar todos os que fossem encontrados nas ruas, tanto bons como maus". Ele queria dizer com isso que a palavra iria ser pregada a todos os outros povos, pagãos e idólatras, e que, aceitando-a, seriam admitidos no banquete em lugar dos primeiros convidados.

Mas, para participar do banquete celestial, não basta ser convidado; não basta dizer-se cristão nem sentar-se à mesa. É preciso, antes de mais nada, e como condição imperiosa, estar vestido com o traje nupcial, ou seja, ter a pureza no coração e praticar a Lei conforme o espírito. Ora, toda essa Lei está contida nestas palavras: *Fora da caridade não há salvação.* Mas, entre todos os que ouvem a palavra divina, poucos são os que a observam e a põem em prática! Poucos se tornam dignos de entrar no reino dos Céus! Eis por que Jesus disse: "Muitos serão os chamados e poucos os escolhidos".

O LIVRO DOS ESPÍRITOS

88. Os espíritos têm uma forma determinada, limitada e constante?
– *Para vós, não; para nós, sim. O espírito é, se o quiserdes, uma chama, um clarão ou uma centelha etérea.*

88a. Essa chama ou centelha tem alguma cor?
– *Para vós, ela varia do escuro ao brilho do rubi, conforme o espírito seja mais, ou menos puro.*

Geralmente representam-se os gênios com uma chama ou uma estrela na testa. É uma alegoria que lembra a natureza essencial dos espíritos. Colocam-na no alto da cabeça porque é ali a sede da inteligência.

93. O espírito propriamente dito é despojado de revestimento ou, como pretendem alguns, é envolvido por uma substância qualquer?
– *O espírito é envolvido por uma substância vaporosa para vós, mas ainda bem grosseira para nós; suficientemente vaporosa, porém, para poder elevar-se na atmosfera e transportar-se para onde queira.*

Do mesmo modo que o germe de um fruto é envolvido pelo perisperma, o espírito propriamente dito também é revestido de um envoltório a que, por comparação, pode-se chamar perispírito.

VIDA PLENA

"A paz é uma conquista íntima do espírito em prova? Como tenho cultivado a paz?".

PRECE

O que quer que me advenha, meu Deus, que vossa vontade seja feita. Se meus desejos não são atendidos, é porque entra nos vossos desígnios experimentar-me, e eu me submeto sem murmurar. Fazei com que eu não conceba nisso nenhum desencorajamento e que nem minha fé nem minha resignação sejam abaladas. (formular o pedido)

Sexta-feira

Capítulo 19
A FÉ TRANSPORTA MONTANHAS

Poder da fé

1. Quando Jesus caminhava em direção ao povo, aproximou-Se Dele um homem que se lançou aos Seus pés, dizendo-Lhe: "Senhor, tem piedade de meu filho, que é lunático e sofre muito, pois ora cai no fogo, ora cai na água. Apresentei-o aos teus discípulos, mas eles não puderam curá-lo". Então, Jesus respondeu: "Ó geração incrédula e perversa! Até quando deverei estar convosco? Até quando vos tolerarei? Trazei-me aqui essa criança". E, ameaçando o demônio, expulsou-o da criança, que foi curada no mesmo instante. Então, os discípulos vieram ter com Jesus, em particular, e Lhe disseram: "Por que não pudemos, nós outros, expulsar o demônio?". E Jesus lhes respondeu: "Por causa da vossa falta de fé, pois, em verdade, ainda que tivésseis uma fé do tamanho de um grão de mostarda, diríeis a esta montanha: 'Passa daqui para lá', e ela para lá se transportaria, e nada vos seria impossível". (MATEUS, 17:14-20).

2. Em sentido literal, é certo que a confiança em nossas próprias forças nos torna capazes de executar coisas materiais que não podemos fazer quando duvidamos de nós mesmos. Mas, aqui, deve-se entender as palavras de Jesus somente no sentido moral. As montanhas que a fé remove são as dificuldades, as resistências e a má vontade, que se encontram entre os homens, mesmo quando se trata das melhores coisas. Os pre-

conceitos rotineiros, o interesse material, o egoísmo, a cegueira do fanatismo, as paixões orgulhosas são como as montanhas que barram o caminho de todo aquele que trabalha para o progresso da humanidade. A fé robusta dá a perseverança, a energia e os recursos que fazem com que se vençam os obstáculos, tanto nas pequenas coisas quanto nas grandes. Já a fé vacilante traz a incerteza e a hesitação, das quais se aproveitam os adversários que queremos combater. Ela não procura os meios para vencer, pois não acredita na possibilidade da vitória.

3. Num outro sentido, dá-se o nome de fé à confiança que se tem na realização de uma coisa, à certeza de atingir-se um objetivo. Ela dá uma espécie de lucidez que permite ver, em pensamento, os fins visados e os meios para alcançá-lo, de maneira que quem a possui caminha absolutamente seguro. Tanto num como noutro caso, ela pode levar à realização de coisas grandiosas.

A fé sincera e verdadeira é sempre calma: ela proporciona a paciência que sabe esperar, porque, tendo seu ponto de apoio na inteligência e na compreensão das coisas, tem a certeza de que atingirá o seu objetivo. A fé vacilante percebe sua própria fraqueza: quando é estimulada pelo interesse, se enfurece e acha que pode substituir a força pela violência, que, ao contrário, é uma prova de fraqueza e de falta de confiança em si mesmo.

O LIVRO DOS ESPÍRITOS

960. De onde vem a crença, que se encontra em todos os povos, das penas e recompensas futuras?

- É sempre a mesma coisa: pressentimento da realidade trazido ao homem pelo espírito nele encarnado, porque, guardai bem isto, não é em vão que uma voz interior vos fala. Vosso erro é não escutá-la com a devida atenção. Se pensásseis bastante e muitas vezes nisso, vos tornaríeis melhores.

961. No momento da morte, qual é o sentimento que predomina na maioria dos homens: a dúvida, o medo ou a esperança?

- A dúvida, nos descrentes irredutíveis; o medo, nos culpados; a esperança, nos homens de bem.

VIDA PLENA

"Estou demonstrando toda a fé que necessito?".

PRECE

Deus infinitamente bom, que o vosso nome seja bendito pelos benefícios que me concedestes; deles seria indigno, se os atribuísse ao acaso dos acontecimentos ou ao meu próprio mérito.

Sábado

Capítulo 20
OS TRABALHADORES DA ÚLTIMA HORA

1. O reino dos Céus é semelhante a um pai de família que saiu de madrugada, a fim de contratar trabalhadores para sua vinha. Tendo combinado que eles teriam um denário pela jornada de trabalho, mandou-os para a vinha. Saiu de novo na terceira hora do dia e, vendo outros que permaneciam na praça, ociosos, lhes disse: "Ide vós também para a minha vinha, e vos darei o que for justo". E eles foram. Saiu novamente na sexta e na nona hora do dia, e fez o mesmo. E, tendo saído na décima primeira hora, encontrou outros mais que também estavam ociosos, aos quais disse: "Por que permaneceis aí ao longo do dia sem trabalhar?". "É porque ninguém nos contratou", responderam. Ele então lhes disse: "Ide vós também à minha vinha, e recebereis o que for justo".
Tendo chegado a noite, o dono da vinha disse àquele que estava encarregado de seus negócios: "Chama os trabalhadores e paga-lhes, começando pelos últimos e indo até os primeiros". E, chegando os que tinham ido à vinha por volta da décima primeira hora, aproximaram-se e receberam um denário, cada um. Os que foram contratados primeiro, vindo por sua vez, julgavam que iam receber mais; porém, a cada um, não coube mais do que um denário. E, ao recebê-lo, resmungaram contra o pai de família, dizendo: "Estes últimos trabalharam só uma hora e lhes pagastes o mesmo que a nós, que suportamos a fadiga do dia e o calor". Então, como resposta, o senhor disse a um deles: "Meu amigo, não fiz nada de injusto. Não combinastes comigo um denário pela jornada? Tomai o que vos pertence e ide! Quanto a

mim, quero dar a este último tanto quanto dei a vós. Então não me é lícito fazer o que quiser do que é meu? E me julgareis mal só porque pretendo ser bom?".

Assim, os últimos serão os primeiros e os primeiros serão os últimos, porque muitos são os chamados e poucos os escolhidos. (MATEUS, 20:1-16. Veja também: *Parábola do banquete de núpcias*, capítulo 18, número 1, do *Evangelho*).

Instruções dos Espíritos
OS ÚLTIMOS SERÃO OS PRIMEIROS

2. O trabalhador da última hora tem direito ao salário, mas é preciso que sua boa vontade tenha estado à disposição do senhor que devia empregá-lo, e que seu atraso não seja fruto da preguiça ou da má vontade. Ele tem direito ao salário, porque, desde a madrugada, esperava impacientemente aquele que, enfim, o chamaria para trabalhar. Era esforçado; só lhe faltava trabalho.

Mas, se em determinada hora do dia tivesse se recusado a trabalhar, se dissesse: "Tenham paciência, descansar me faz bem! Quando soar a última hora, vou pensar no salário do dia. Que me importa um patrão que não conheço nem estimo! Quanto mais tarde, melhor!", este, meus amigos, não receberia o salário do trabalhador, e sim o da preguiça.

Que será então daquele que, ao invés de ficar simplesmente na ociosidade, tiver empregado as horas destinadas ao labor diário praticando atos condenáveis? Que tiver blasfemado contra Deus; derramado o sangue de seus irmãos; provocado a desarmonia nas famílias; arruinado homens de boa-fé; abusado da inocência; e que tiver praticado todas as infâmias da humanidade? Que será dele? Bastará que diga na última hora: "Senhor, utilizei mal meu tempo; contrata-me até o fim do dia, mesmo que eu faça só um pouco da minha tarefa, e dá-me o salário do trabalhador de boa vontade"? Não, não! O senhor lhe dirá: "Não tenho trabalho para ti no momento. Desperdiçaste teu tempo; esqueceste o que havias aprendido; não sabes mais trabalhar na minha vinha. Recomeça, pois, a aprender e, quando estiveres mais disposto, virás até mim e te deixarei entrar no meu vasto campo e poderás trabalhar a qualquer hora do dia".

Bons espíritas, meus bem-amados, sois todos trabalhadores da última hora. Muito orgulhoso seria quem dissesse: "Comecei o trabalho ao alvorecer e só o terminarei ao cair do dia". Todos vós viestes quando fostes chamados – uns mais cedo, outros mais tarde –, para a encarnação a que estais aprisionados. Mas, há quantos séculos o Senhor vos chama para Sua vinha, sem que nela quisésseis entrar! Eis chegado o momento de receber o salário. Empregai bem a hora que vos resta e nunca vos esqueçais de que vossa existência, por mais longa que vos pareça, não passa de um momento fugaz na imensidão dos tempos que, para vós, constituem a eternidade. (CONSTANTINO, espírito protetor, Bordéus, 1863).

O LIVRO DOS ESPÍRITOS

798. O espiritismo se tornará uma crença popular ou continuará sendo prerrogativa de algumas pessoas?

– *Certamente, ele se tornará uma crença difundida e marcará uma nova era na história da humanidade, porque está na natureza e é chegado o tempo em que deve alinhar-se entre os conhecimentos humanos. No entanto, terá que sustentar grandes lutas, mais contra o interesse do que contra a convicção, porque (e não podemos fingir que não) há pessoas interessadas em combatê-lo: umas por amor-próprio, outras por razões materiais. Mas os contestadores, vendo-se cada vez mais isolados, serão forçados a pensar como todo mundo, sob pena de se tornarem ridículos.*

As idéias só se transformam com o tempo, nunca de repente: vão se enfraquecendo geração após geração e acabam por desaparecer pouco a pouco junto com aqueles que as seguiam, que passam a ser substituídos por outros indivíduos imbuídos de novos princípios, tal como acontece com as idéias políticas. Vede o paganismo: certamente não há hoje quem professe as idéias daquela época; no entanto, muitos séculos após o advento do cristianismo, delas ainda havia traços que só a completa renovação das raças conseguiu apagar. O mesmo ocorrerá com o espiritismo: ele está progredindo muito; mas, ainda por duas ou três gerações, haverá um fermento de incredulidade que só o tempo dissipará. Porém, sua marcha será mais rápida do que a do cristianismo, porque é o próprio cristianismo que lhe abre os caminhos e porque nele se apóia. O cristianismo tinha que destruir; o espiritismo só tem que edificar.

VIDA PLENA

"Dia a dia estou mudando. Estou mudando para melhor?".

PRECE

Bons espíritos que fostes executores das vontades de Deus, e vós sobretudo, meu anjo guardião, eu vos agradeço por ter recebido um ou mais benefícios. Desviai de mim o pensamento de nele conceber o orgulho, e deles fazer um uso que não fosse para o bem. Eu vos agradeço por estas dádivas e que eu seja digno delas.

Domingo

Capítulo 21
HAVERÁ FALSOS CRISTOS E FALSOS PROFETAS

Conhece-se a árvore pelos frutos

1. A árvore que dá maus frutos não é boa e a árvore que dá bons frutos não é má, pois se conhece cada árvore pelo seu próprio fruto. Não se colhem figos dos espinheiros, nem se colhem cachos de uvas das sarças. O homem de bem tira boas coisas do bom tesouro de seu coração e o mau tira más coisas do mau tesouro de seu coração, pois a boca fala do que o coração está cheio. (Lucas, 6:43-45).

2. Guardai-vos dos falsos profetas que se aproximam de vós com aparência de ovelha, mas interiormente são lobos vorazes. Vós os conhecereis pelos seus frutos. Porventura colhem-se uvas dos espinheiros ou figos das sarças? Assim, toda árvore boa produz bons frutos e toda árvore má produz maus frutos. Uma árvore boa não pode dar maus frutos e uma árvore má não pode dar bons frutos. Toda árvore que não der bons frutos será cortada e lançada ao fogo. Vós as reconhecereis, pois, pelos seus frutos. (Mateus, 7:15-20).

Missão dos profetas

4. Geralmente atribui-se aos profetas o dom de revelar o futuro, de maneira que as palavras *profecia* e *predição* passaram a ser sinônimas. No sentido evangélico, a palavra *profeta* tem um significado mais amplo: diz-se de todo enviado de Deus com

a missão de instruir os homens e revelar-lhes as coisas ocultas e os mistérios da vida espiritual. Um homem pode, então, ser profeta sem fazer predições: esta era a idéia dos judeus no tempo de Jesus. É por isso que, quando Ele foi levado à presença do sumo sacerdote Caifás, os escribas e os anciãos, que estavam reunidos, cuspiram-Lhe no rosto e deram-Lhe socos e bofetadas, dizendo: "Cristo, profetiza para nós e diz quem foi que Te bateu". Contudo, é verdade que alguns profetas tiveram a premonição do futuro, seja por intuição, seja por revelação providencial, para fazer advertências aos homens. Como os acontecimentos vaticinados ocorreram, o dom de predizer o futuro foi considerado como um dos atributos da qualidade de profeta.

O LIVRO DOS ESPÍRITOS

96. Os espíritos são iguais ou há entre eles alguma hierarquia?
- *São de diferentes ordens, segundo o grau de perfeição que alcançaram.*

97. Entre os espíritos há um número determinado de ordens ou graus de perfeição?
- *O número é ilimitado, porque entre essas ordens não existe uma linha de demarcação traçada como uma barreira, e, portanto, pode-se multiplicar ou diminuir as divisões à vontade. Contudo, se considerarmos as características gerais, podemos reduzi-las a três principais.*

Na primeira, podemos colocar os que atingiram a perfeição: os espíritos puros. Os da segunda ordem são os que chegaram ao meio da escala: o desejo do bem é sua preocupação. Os do último grau ainda estão na parte inferior da escala: os espíritos imperfeitos que se caracterizam pela ignorância, pelo desejo do mal e por todas as más paixões que lhes retardam o progresso.

O LIVRO DOS MÉDIUNS

Distinção entre os espíritos bons e maus

262. Se a perfeita identificação dos espíritos é, em muitos

casos, uma questão secundária, sem importância, não se dá o mesmo com a distinção entre os espíritos bons e maus. Sua individualidade pode ser-nos indiferente, mas sua qualidade jamais. É sobre este ponto que devemos concentrar nossa atenção em todas as comunicações instrutivas, pois só ele pode nos dar a medida da confiança que podemos ter no espírito manifestante, seja qual for o nome com que se apresente. O espírito que se manifesta é bom ou mau? A que grau da escala evolutiva pertence? Esta é a questão capital. (Ver *Escala Espírita* no item 100 de *O Livro dos Espíritos*).

VIDA PLENA

"Tenho exercitado a razão e o bom senso para analisar tudo o que me é revelado?".

PRECE

Meu Deus, sois soberanamente justo. Todo sofrimento neste mundo deve ter, pois, sua causa e sua utilidade. Aceito o motivo da aflição que venho experimentar como uma expiação de minhas faltas passadas e uma prova para o futuro.

Segunda-feira

Capítulo 22
NÃO SEPAREIS O QUE DEUS UNIU

Indissolubilidade do casamento

1. Os fariseus também vieram ter com Jesus para tentá-Lo e Lhe disseram: "É permitido ao homem repudiar sua mulher por um motivo qualquer?". Ele lhes respondeu: "Não sabes que o Criador os criou, desde o princípio, macho e fêmea e que disse: 'Por essa razão, o homem deixará pai e mãe e se unirá à sua mulher, e serão dois numa só carne'? Assim, não serão mais duas, mas uma única carne. Que, pois, o homem não separe o que Deus uniu". Disseram-Lhe eles: "Então, por que Moisés ordenou que se dê a uma mulher a carta da separação, ao repudiá-la?". E Jesus lhes respondeu: "Foi a dureza do vosso coração que levou Moisés a vos permitir que repudiásseis vossas mulheres. Mas não foi assim desde o começo. Eu também vos declaro que todo aquele que repudiar sua mulher, e desposar outra, comete adultério. E aquele que desposa a mulher que outro repudiou, também comete adultério. (MATEUS, 19:3-9).

2. Só é imutável aquilo que vem de Deus. Tudo o que é obra dos homens está sujeito a mudanças. As leis da natureza são as mesmas em todos os tempos e em todos os países. As leis humanas mudam conforme o tempo, os lugares e o desenvolvimento das idéias. No casamento, o que é de ordem divina é a união dos sexos para possibilitar a renovação dos seres. Mas as condições que regulamentam essa união são de tal forma humanas, que não há no mundo inteiro, mesmo entre os cristãos,

dois países em que elas sejam absolutamente iguais, ou que não tenha sofrido modificações com o tempo. Disso resulta que, perante a lei civil, o que é legítimo num país, em determinada época, é adultério em outro, em outra época. Isso porque a lei civil tem por objetivo regulamentar os interesses familiares, e esses interesses variam segundo os costumes e as necessidades locais. Assim, por exemplo, em certos países o único casamento legítimo é o religioso; em outros, além dele, é necessário o casamento civil; e noutros ainda, o casamento civil basta.

O LIVRO DOS ESPÍRITOS

695. O casamento, ou seja, a união permanente de dois seres, é contrário à lei natural?
- *É um progresso na marcha da humanidade.*

696. Que resultado teria sobre a sociedade humana a abolição do casamento?
- *O retorno à vida animal.*
A união livre e eventual dos sexos é o estado natural. O casamento é um dos primeiros atos de progresso nas sociedades humanas, porque estabelece a solidariedade fraterna e se observa entre todos os povos, se bem que em condições diferentes. A abolição do casamento, portanto, significaria um retorno à infância da humanidade e colocaria o homem abaixo mesmo de alguns animais que lhe dão o exemplo de uniões constantes.

VIDA PLENA

"Como tenho tratado o próximo? Consigo perceber que os próximos mais próximos são as pessoas com quem convivo?".

PRECE

Bons espíritos que me protegeis, dai-me forças para suportar minhas provas sem lamentação. Fazei com que sejam para mim uma advertência salutar; que aumentem a minha experiência; que combatam em mim o orgulho, a ambição, a tola vaidade e o egoísmo, e que elas contribuam, assim, para o meu adiantamento.

Terça-feira

Capítulo 23
ESTRANHA MORAL

Quem não odiar seu pai e sua mãe

1. Uma multidão caminhava junto com Jesus, quando Ele, virando-se, lhes disse: "Se alguém vier a mim e não odiar seu pai e sua mãe, sua mulher e seus filhos, seus irmãos e irmãs, e até mesmo sua própria vida, não pode ser meu discípulo. E todo aquele que não carregar sua cruz e não me seguir, não pode ser meu discípulo. Assim, pois, quem dentre vós não renunciar a tudo o que tem, não pode ser meu discípulo". (LUCAS, 14:25-27, 33).

2. Aquele que ama seu pai ou sua mãe mais do que a mim, não é digno de mim. Aquele que ama seu filho ou sua filha mais do que a mim, não é digno de mim. (MATEUS, 10:37).

3. Determinadas palavras, aliás muito raras, destoam tão estranhamente da linguagem do Cristo, que nos recusamos, instintivamente, a aceitá-las no seu sentido literal, sem que a sublimidade de Sua doutrina sofra qualquer dano. Como todos os evangelhos foram escritos após a Sua morte,[1] é possível que, nesse caso, a essência do Seu pensamento possa não ter sido bem interpretada, ou, o que é mais provável, que o sentido original de Suas palavras tenha sofrido alguma alteração, ao ser

---
[1] Nota do editor: Jesus nada deixou por escrito. Durante a sua estada pela Terra, ele usou a oralidade para transmitir os seus ensinamentos. Tudo o que se conhece sobre o que Jesus teria dito foi escrito após a sua morte por alguns de seus seguidores.

traduzido de uma língua para outra. Basta que um erro tenha sido cometido uma primeira vez para que ele seja repetido nas reproduções seguintes, como se pode observar frequentemente com relação aos fatos históricos.

É o que acontece com a palavra *odiar*, nesta frase do evangelista Lucas: "Se alguém vier a mim e não odiar seu pai e sua mãe". Ninguém pode pensar em atribuí-la a Jesus. Seria, pois, inútil discuti-la, e mais inútil ainda tentar justificá-la. Seria preciso, antes de mais nada, saber se Jesus a pronunciou realmente, e, em caso afirmativo, saber se, na língua que Ele falava, essa palavra tinha o mesmo significado que tem na nossa. Nesta passagem de João: "Aquele que odeia sua vida neste mundo, conserva-a para a vida eterna", é evidente que ela não expressa a idéia que lhe atribuímos.

A língua hebraica não era rica e continha muitas palavras que possuíam vários significados. Uma delas, por exemplo, é aquela que, no livro da *Gênese*, designa as fases da criação e que servia também para expressar um período qualquer de tempo e o movimento diurno dos astros, cuja tradução, mais tarde, derivou a palavra *dia* e a crença de que o mundo fora obra de seis vezes vinte e quatro horas, ou seja, seis dias. O mesmo acontece com a palavra que designava um *camelo* e uma *corda*, pois como as cordas eram feitas com pelos de camelo, ela foi traduzida por *camelo*, na alegoria do buraco da agulha. (Veja capítulo 16, número 2, do *Evangelho*).[2]

É preciso também levar em consideração os costumes e o caráter dos povos que influem na interpretação particular dos idiomas. Sem esse conhecimento, não se capta o verdadeiro sentido de determinadas palavras. De uma língua para outra, a mesma palavra tem maior ou menor força, podendo ser

---

2 *Non odit*, em latim, *Kaï* ou *miseï*, em grego, não quer dizer *odiar*, mas *amar menos*. O que o verbo grego *miseïn* exprime, o verbo hebraico, que Jesus deve ter usado, expressa-o melhor ainda, não significando somente *odiar*, mas *amar menos, não amar tanto quanto, não amar igual a outro*. Em aramaico, que, segundo se diz, era o dialeto que Jesus usava mais frequentemente, esse significado é ainda mais acentuado. Neste sentido é que está dito na *Gênese* (capítulos 29, 30 e 31): "E Jacó amou também Raquel mais do que a Lia, e Jeová, vendo que Lia era *odiada*..." É evidente que o verdadeiro sentido é *menos amada*, e assim se deve traduzir. Em várias outras passagens hebraicas, e principalmente aramaicas, o mesmo verbo é empregado no sentido de *não amar tanto quanto a outro*, e seria um absurdo traduzi-lo por *odiar*, que tem outro significado bem determinado. O texto do evangelista Mateus, aliás, afasta toda dificuldade. (Nota de M. Pezzani).

uma ofensa ou blasfêmia numa, e ter um sentido insignificante noutra, conforme a conotação a ela atribuída. Até na mesma língua algumas palavras mudam seu sentido com o passar do tempo. É por isso que uma tradução rigorosamente literal nem sempre expressa perfeitamente o pensamento original, e que, para sermos exatos, às vezes precisamos usar não as palavras correspondentes e sim palavras que sejam equivalentes, semelhantes, ou até mesmo frases inteiras.

Essas observações aplicam-se de modo especial à interpretação das sagradas escrituras e dos evangelhos, em particular. Se não considerarmos o meio em que Jesus vivia, ficamos sujeitos a equívocos quanto ao significado de certas expressões e de certos fatos, em decorrência do hábito de se achar que os outros pensam como nós. Seja como for, é preciso afastar da palavra *odiar* o significado que ela tem hoje e que é contrário aos ensinamentos de Jesus. (Veja também capítulo 14, número 5 e seguintes, do *Evangelho*).

O LIVRO DOS ESPÍRITOS

289. Nossos parentes e nossos amigos vêm, às vezes, ao nosso encontro, quando deixamos a Terra?

– Sim, vêm ao encontro da alma que estimam, felicitam-na como no regresso de uma viagem, se ela escapou aos perigos do caminho, e a ajudam a desprender-se dos liames corporais. É um favor concedido aos bons espíritos, quando os que os amam vêm ao seu encontro, enquanto os que estão maculados ficam no isolamento ou cercados somente de espíritos semelhantes a eles. Aí sim é uma punição.

VIDA PLENA

"A verdade pode me libertar? Tenho estímulo para minha transformação?".

PRECE

Eu sinto, meu Deus, a necessidade de vos rogar que me ajudeis a ter forças para suportar as provas que vos aprouve me enviar. Permiti que a luz se faça bastante viva em meu espírito, para que eu aprecie toda a extensão de um amor que me aflige por querer me salvar. Eu me submeto com resignação, ó meu Deus! Mas, ai de mim! A criatura é tão fraca que, se não me sustentardes, temo sucumbir. Não me abandoneis, Senhor, porque sem vós não sou nada.

Quarta-feira

Capítulo 24
NÃO COLOQUEIS A CANDEIA DEBAIXO DO ALQUEIRE

Candeia debaixo do alqueire. Por que Jesus fala por parábolas

1. Não se acende uma candeia para colocá-la debaixo do alqueire. Ela deve ser colocada sobre um velador, a fim de que ilumine todos os que estão na casa. (MATEUS, 5:15).

3. Aproximando-se de Jesus, Seus discípulos então Lhe perguntaram: "Por que lhes falas por parábolas?". Ele, respondendo-lhes, disse: "Porque, a vós, já vos foi dado conhecer os mistérios do reino dos Céus, mas a eles isso não lhes foi dado. Eu lhes falo por parábolas porque, vendo, não vêem, e, ouvindo, não escutam nem compreendem. Neles se cumprirá a profecia de Isaías que diz: 'Ouvireis com vossos ouvidos e não escutareis. Olhareis com vossos olhos e não enxergareis', pois o coração desse povo se entorpeceu, seus ouvidos se tornaram surdos, e então fecharam os olhos com receio de que seus olhos não enxerguem, de que seus ouvidos não ouçam, de que seu coração não compreenda, e de que, tendo se convertido, eu não os cure". (MATEUS, 13:10-15).

4. É estranho ouvir Jesus dizer que não se deve colocar a luz sob o alqueire, quando Ele próprio oculta continuamente o significado de Suas palavras sob o véu de uma alegoria que nem todos conseguem compreender. Jesus Se justifica, dizendo a Seus apóstolos: "Eu lhes falo por parábolas porque eles

não estão em condições de entender certas coisas, pois vêem, olham, ouvem e não compreendem, e, portanto, de nada adiantaria dizer-lhes tudo. Mas, digo-o a vós, porque já vos foi dado compreender tais mistérios". Disso podemos concluir que Jesus agia com o povo como se faz com crianças cuja compreensão ainda não está desenvolvida. É aí que está o verdadeiro sentido da máxima *Não se deve colocar a candeia debaixo do alqueire, mas sobre um velador, para que todos que entrem possam vê-la.* Esse preceito não quer dizer, em absoluto, que se deva revelar precipitadamente todos os conhecimentos, pois o ensinamento deve ser proporcional à inteligência daquele que o assimila, já que há pessoas a quem uma luz muito forte pode ofuscar, ao invés de esclarecer.

Acontece com a humanidade o mesmo que ocorre com cada pessoa, em particular: as gerações têm sua infância, sua juventude e sua maturidade, cada fase a seu tempo, pois o grão semeado fora de época não dá frutos. Mas o que a prudência manda calar momentaneamente, mais cedo ou mais tarde deverá ser descoberto, porque, ao atingir um determinado grau de desenvolvimento, os homens procuram por si sós a luz viva, uma vez que a escuridão começa a oprimi-los. Tendo-lhes Deus dado inteligência para compreender e para se orientarem quanto às coisas da Terra e do Céu, eles tratam de refletir sobre sua crença. É então que não se deve colocar a candeia sob o alqueire, pois, *sem a luz da razão, a fé enfraquece.* (Veja capítulo 19, número 7, do *Evangelho*).

O LIVRO DOS ESPÍRITOS

801. Por que os espíritos não ensinaram sempre o que ensinam hoje?

– *Não ensinais às crianças o que ensinais aos adultos, e não dais ao recém-nascido um alimento que ele não possa digerir; cada coisa a seu tempo. Eles ensinaram muitas coisas que os homens não compreenderam, ou que deturparam, mas que hoje podem compreender. Com seu ensinamento, mesmo incompleto, eles prepararam o terreno para receber a semente que agora vai frutificar.*

VIDA PLENA

"Que virtudes gostaria de conquistar? Elas são portas novas que se abrem para um mundo melhor?".

PRECE

Elevei meu olhar para vós, ó Eterno, e me senti fortalecido. Sois a minha força, não me abandoneis, ó Deus! Estou esmagado sob o peso das minhas iniquidades. Ajudai-me; vós conheceis a fraqueza de minha carne, e não desviais vosso olhar de mim.

Quinta-feira

Capítulo 25
BUSCAI E ACHAREIS

Ajuda-te e o Céu te ajudará

1. Pedi e vos será dado. Buscai e achareis. Batei e a porta se vos abrirá, pois aquele que pede recebe, o que procura encontra, e ao que bate se abre. Qual, dentre vós, dá uma pedra ao filho que lhe pede pão? Ou, pedindo-lhe um peixe, lhe dará uma serpente? Se vós, pois, sendo maus, sabeis dar boas coisas aos vossos filhos, quanto mais vosso Pai, que está nos Céus, dará os verdadeiros bens aos que Lhe pedirem. (MATEUS, 7:7-11).

2. Do ponto de vista terreno, a máxima *Buscai e achareis* é semelhante a esta outra: *Ajuda-te e o Céu te ajudará*. É o princípio da *lei do trabalho* e, consequentemente, da *lei do progresso*, pois o progresso é produto do trabalho, uma vez que o trabalho põe em ação as forças da inteligência.

Na infância da humanidade, o homem só usava sua inteligência na busca dos alimentos, dos meios para se proteger das intempéries e para defender-se dos inimigos. Mas Deus, diferenciando-o dos animais, deu-lhe a mais *o desejo incessante de melhorar-se*. E é esse desejo que o impulsiona a procurar meios de melhorar suas condições de vida, levando-o às descobertas, às invenções e ao aperfeiçoamento da ciência, pois é a ciência que lhe proporciona o que lhe falta. É pelas pesquisas que seu conhecimento se amplia e sua moral evolui. Às necessidades do corpo, seguem-se as do espírito. Depois do alimento material, é preciso o alimento espiritual. É assim que o homem passa do estado selvagem à civilização.

Mas o progresso que cada homem realiza individualmente durante a vida é insignificante e, em muitos casos, até imperceptível. Como, então, a humanidade poderia progredir, sem a preexistência e a *reexistência* da alma? Se todos os dias almas partissem da Terra para não mais voltar, a humanidade se renovaria continuamente com seres primitivos que teriam tudo por fazer, tudo por aprender novamente. E não haveria, então, razão para que o homem fosse hoje mais evoluído do que nas primeiras eras do mundo, já que, a cada nascimento, todo o trabalho intelectual precisaria recomeçar. Ao contrário, retornando com o progresso obtido e adquirindo a cada retorno alguma experiência a mais, a alma passa gradualmente do estado selvagem à *civilização material*, e desta à *civilização moral*. (Veja capítulo 4, número 17, do *Evangelho*).

O LIVRO DOS ESPÍRITOS

674. A necessidade do trabalho é uma lei da natureza?
– *O trabalho é uma lei da natureza; por isso mesmo é uma necessidade. A civilização obriga o homem a trabalhar mais, porque aumenta suas exigências e prazeres.*

776. Estado natural e lei natural são a mesma coisa?
– *Não, o estado natural é o estado primitivo. A civilização é incompatível com o estado natural, ao passo que a lei natural contribui para o progresso da humanidade.*

O estado natural é a infância da humanidade e o ponto de partida do seu desenvolvimento intelectual e moral. Podendo aperfeiçoar-se e trazendo em si o germe do seu aperfeiçoamento, o homem não está destinado a viver perpetuamente no estado natural, assim como não está destinado a viver eternamente na infância. O estado natural é transitório: o homem sai dele pelo progresso e civilização. A lei natural, ao contrário, rege a humanidade inteira, e o homem se aperfeiçoa à medida que melhor compreende essa lei e melhor a pratica.

VIDA PLENA

"Busco a realização espiritual? Minhas quedas são definitivas?".

PRECE

Estou tomado por uma sede ardente. Fazei jorrar a fonte da água viva, e me saciarei. Que minha boca não se abra senão para cantar vossos louvores e não para murmurar nas aflições da minha vida. Sou fraco, Senhor, mas Vosso amor me sustentará.

Sexta-feira

Capítulo 26
DAI DE GRAÇA O QUE
DE GRAÇA RECEBESTES

Dom de curar

1. Curai os enfermos, ressuscitai os mortos, curai os leprosos, expulsai os demônios. Dai de graça o que de graça recebestes. (MATEUS, 10:8).

2. "Dai de graça o que de graça recebestes", disse Jesus aos Seus discípulos. Com esse ensinamento, Ele recomenda que não se deve cobrar por algo que nós mesmos não pagamos. Ora, o que os discípulos haviam recebido gratuitamente era o dom de curar os doentes e expulsar os demônios, ou seja, os maus espíritos. Esse dom lhes fora concedido por Deus gratuitamente, para alívio dos que sofrem e para ajudar na propagação da fé. Jesus lhes disse, então, que não fizessem dele um negócio, um objeto de especulação, nem um meio de vida.

O LIVRO DOS MÉDIUNS

226. I. O desenvolvimento da mediunidade se processa na razão do desenvolvimento moral do médium?
— Não. A faculdade propriamente dita é orgânica e, portanto, independente da moral. Mas já não acontece o mesmo com o seu uso, que pode ser bom ou mau, segundo as qualidades do médium.

2. Sempre se disse que a mediunidade é um dom de Deus, uma graça, um favor divino. Por que então não é privilégio dos homens de bem? E por que há criaturas indignas que a possuem no mais alto grau e a empregam no mau sentido?

— Todas as nossas faculdades são favores que devemos agradecer a Deus, pois há criaturas que não as possuem. Podias perguntar por que Deus concede boa visão a malfeitores, destreza aos larápios, eloquência aos que só a utilizam para o mal. Acontece o mesmo com a mediunidade. Criaturas indignas a possuem porque dela necessitam mais do que as outras, para se melhorarem. Pensas que Deus recusa os meios de salvação aos culpados? Ele os multiplica nos seus passos, coloca-os nas suas próprias mãos. Cabe a eles aproveitá-los. Judas, o traidor, não fez milagres e não curou doentes como apóstolo? Deus lhes permitiu esse dom para que mais odiosa lhe parecesse a traição.

O LIVRO DOS ESPÍRITOS

555. Que significado se deve atribuir à palavra feiticeiro?

– *Aqueles a quem chamais feiticeiros são pessoas que, quando de boa-fé, são dotadas de algumas faculdades, como a força magnética e a vidência e que, como fazem coisas que não entendeis, achais que são dotadas de um poder sobrenatural. Vossos sábios já não passaram muitas vezes por feiticeiros aos olhos de pessoas ignorantes?*

O espiritismo e o magnetismo nos dão a chave de uma porção de fenômenos sobre os quais a ignorância tem uma infinidade de lendas em que os fatos são exagerados pela imaginação. A noção clara dessas duas ciências, que a bem dizer formam uma única, ao mostrar a realidade das coisas e sua verdadeira causa, é a melhor prevenção contra idéias supersticiosas, porque mostra o que é possível e o que é impossível, o que está nas leis da natureza e o que não passa de uma crendice ridícula.

VIDA PLENA

"Meu corpo tem sido o templo do meu espírito? Como venho tratando minha saúde?".

PRECE

Ó Eterno, só vós sois grande, só vós sois o fim e o objetivo da minha vida! Vosso nome seja bem-dito, se me feres, porque sois o Senhor e eu o servidor infiel. Curvarei minha fronte sem me lamentar, porque sois grande, só vós sois a meta!

Sábado

Capítulo 27
PEDI E OBTEREIS

Requisitos da prece

1. Quando orardes, não vos assemelheis aos hipócritas que fingem orar de pé nas sinagogas e nas esquinas, só para serem vistos pelos homens. Em verdade, vos digo que eles já receberam sua recompensa. Mas quando quiserdes orar, ide ao vosso quarto e, com a porta fechada, orai a vosso Pai em segredo. E vosso Pai, que vê tudo o que se passa em segredo, vos dará a recompensa. Procurai não falar muito em vossas preces, como fazem os pagãos que pensam que é pela quantidade de palavras que serão atendidos. Não vos torneis, pois, semelhantes a eles, porque vosso Pai sabe o que vos é necessário, mesmo antes que Lhe peçais. (MATEUS, 6:5-8).

2. Quando vos apresentardes parar orar, se tiverdes qualquer coisa contra alguém, perdoai-lhe, a fim de que vosso Pai, que está nos Céus, também perdoe os vossos pecados. Se não lhe perdoardes, vosso Pai, que está nos Céus, também não perdoará os vossos pecados. (MARCOS, 11:25 e 26).

3. Jesus também disse esta parábola aos que depositavam confiança em si próprios, como sendo justos, e desprezavam os outros: "Dois homens subiram ao templo para orar. Um era fariseu e o outro, publicano. O fariseu, mantendo-se de pé, orava assim consigo mesmo: 'Meu Deus, eu vos rendo graças porque não sou como os outros homens que são ladrões, injustos e adúlteros, nem como este publicano. Jejuo

duas vezes na semana e dou dízimo de tudo o que possuo'. O publicano, ao contrário, mantendo-se afastado, sequer ousava erguer os olhos para o céu, mas batia no peito dizendo: 'Meu Deus, tende piedade de mim, que sou um pecador'. Então, eu vos declaro que este retornou para casa perdoado e não o outro, pois todo aquele que se eleva será rebaixado e todo aquele que se humilha será elevado. (LUCAS, 18:9-14).

4. As qualidades da prece são claramente definidas por Jesus. "Quando orardes", diz ele, "não vos coloqueis em evidência, mas orai secretamente. Eviteis falar muito, pois não é pela quantidade de palavras que sereis atendidos, mas pela sinceridade. Antes de orar, se tiverdes alguma coisa contra alguém, perdoai-lhe, pois a prece não pode ser agradável a Deus quando não parte de um coração purificado de qualquer sentimento contrário à caridade. Orai, enfim, com humildade, como o publicano, e não com orgulho, como o fariseu. Examinai vossos defeitos e não vossas qualidades, e, quando vos comparardes aos outros, procurai o que há de errado em vós". (Veja capítulo 10, números 7 e 8, do *Evangelho*).

O LIVRO DOS ESPÍRITOS

649. Em que consiste a adoração?
- *Na elevação do pensamento a Deus. Pela adoração, aproximamos nossa alma d'Ele.*

650. A adoração é resultado de um sentimento inato ou é fruto de um ensinamento?
- *É um sentimento inato, como o da existência de Deus. A consciência da sua fragilidade leva o homem a curvar-se diante d'Aquele que pode protegê-lo.*

651. Houve povos completamente destituídos do sentimento de adoração?
- *Não, porque jamais houve povos ateus. Todos compreendem que acima deles há um ser supremo.*

652. Pode-se considerar que a adoração tem sua origem na lei natural?

- Ela está na lei natural, já que é o resultado de um sentimento inato no homem. Eis por que a encontramos entre todos os povos, embora sob formas diferentes.

VIDA PLENA

"Tenho compreendido o sofrimento e a humilhação como veículos de aperfeiçoamento espiritual?".

PRECE

Deus Todo-Poderoso, e vós meu anjo guardião, socorrei-me! Se devo sucumbir, que a vontade de Deus seja feita. Se eu for salvo, que o resto da minha vida repare o mal que pude fazer e do qual me arrependo.

A dificuldade encontrada pelo leitor para compreender as palavras textuais contidas nos *Evangelhos* é um dos maiores impedimentos à sua massificação entre os adeptos do Espiritismo, que, na maioria das vezes, se utilizam de suas sublimes páginas apenas aleatoriamente, durante as reuniões no lar ou na abertura dos trabalhos mediúnicos, quando na verdade este deveria ser o livro de cabeceira de todo espírita que deseja aprimorar-se moralmente, seja ele aprendiz ou médium tarefeiro. A Espiritualidade almeja e aconselha isto, e foi o que pretendia ao recrutar Allan Kardec para organizar e compilar as mensagens renovadoras da Terceira Revelação.

Tendo sido um educador de larga experiência humanística e filosófica que adotava uma metodologia austera, sem no entanto perder a brandura, Kardec reunia as condições ideais de que se serviram os espíritos superiores para edificar as bases da Doutrina Espírita. No entanto, se reencarnasse nos dias de hoje, é provável que, por sua índole infatigável e criteriosa, desejasse aprimorar ainda mais a obra missionária que disponibilizou para a humanidade, a fim de que ela alcançasse efetivamente o maior número possível de pessoas. Essa é a finalidade desta nova edição de *O Evangelho Segundo o Espiritismo*, cuja clareza, objetividade e simplicidade textuais pretendem aproximar o leitor da mensagem imorredoura de Jesus Cristo, sem distanciá-la de sua originalidade, o que dá a esta versão a legitimidade almejada pelos espíritos.

Sorver destas sublimes páginas é como conversar diretamente com Jesus, o Soberano Preceptor da humanidade, que, mesmo não tendo deixado uma única palavra por escrito, disseminou tão magistralmente as idéias cristãs que é possível assimilar, muitos séculos depois, o seu divino código de conduta moral, tal como Ele o prescreveu. Este é o poder da palavra. Esta é a nossa missão.

Se na beleza irretocável dos ensinos e parábolas de Jesus nada pode ser acrescido ou alterado, contudo, hoje pode ser feita a leitura mais esotérica deles, e percebido o seu sentido interno e oculto, que durante séculos permaneceu velado à consciência comum da humanidade. É o objetivo da presente obra de Ramatís, que desvenda a dimensão secreta e cósmica das histórias singelas do Mestre Nazareno.

A evolução mental do terrícola, atualmente, já permite desvelar essa realidade mais profunda do Evangelho, que é a de se constituir uma síntese das leis cósmicas, ou a "miniatura do metabolismo do próprio Criador".

Neste obra de cunho iniciático, mas na linguagem cristalina e acessível característica de Ramatís, o leitor encontrará, além da interpretação mais profunda e esotérica dos preceitos evangélicos, um estudo fascinante dos temas "Deus" e "Evolução", tratados com a profundidade e clareza típicos do velho mestre da Grécia antiga.

Uma das obras mais atraentes de Ramatís, que irá conquistá-lo para o rol de seus milhares de leitores.

O EVANGELHO DO DIA - VOL 1
foi confeccionado em impressão digital, em novembro de 2024
Conhecimento Editorial Ltda
(19) 3451-5440 — conhecimento@edconhecimento.com.br
Impresso em Luxcream 80g, StoraEnso